教育部人文社会科学研究青年基金项目（10YJC880000）
2015 年首都经济贸易大学教育教学改革项目

中国高校
本科课堂教学模式变革与
教学效果实证研究

ZHONGGUO GAOXIAO
BENKE KETANG JIAOXUE MOSHI BIANGE YU
JIAOXUE XIAOGUO SHIZHENG YANJIU

边文霞 著

首都经济贸易大学出版社
Capital University of Economics and Business Press
·北 京·

图书在版编目(CIP)数据

中国高校本科课堂教学模式变革与教学效果实证研究/边文霞著. —北京:首都经济贸易大学出版社,2015.11
ISBN 978 - 7 - 5638 - 2514 - 1

Ⅰ.①中… Ⅱ.①边… Ⅲ.①高等学校—课堂教学—教学改革—中国 ②高等学校—课堂教学—教学研究—中国
Ⅳ.①G642.421

中国版本图书馆 CIP 数据核字(2016)第 113542 号

中国高校本科课堂教学模式变革与教学效果实证研究
边文霞 著

责任编辑	刘 欢
封面设计	风得信·阿东 FondesyDesign
出版发行	首都经济贸易大学出版社
地　　址	北京市朝阳区红庙(邮编 100026)
电　　话	(010)65976483　65065761　65071505(传真)
网　　址	http://www.sjmcb.com
E - mail	publish@cueb.edu.cn
经　　销	全国新华书店
照　　排	首都经济贸易大学出版社激光照排服务部
印　　刷	北京九州迅驰传媒文化有限公司
开　　本	710 毫米×1000 毫米　1/16
字　　数	229 千字
印　　张	13.25
版　　次	2015 年 11 月第 1 版　2015 年 11 月第 1 次印刷
书　　号	ISBN 978 - 7 - 5638 - 2514 - 1/G·377
定　　价	38.00 元

前　　言

在中国经济转型、大学生就业体制改革、高等教育后大众化等多重背景下，我们"高就业能力"的大学毕业生"供小于求"，但"低就业能力"的大学毕业生"供大于求"，致使"学历"信号在就业市场上开始弱化，从而引发中国高等教育生态发生着巨大改变，主要表现为两个方面：

第一个方面，中国高校"生源危机"问题。众多优质考生纷纷转向国外优秀大学，甚至发生许多高考前弃考事件，中国高等教育的进口端与出口端都受到严峻挑战。这些现象直指中国高等教育质量的问题。

第二个方面，逼问课堂"教学效果"问题。教学是教育的生命线，衡量一所高校的教学质量离不开课堂教学质量的追踪，而构成课堂教学质量的基本单位就是"100 分钟课堂教学的有效性问题"。大学生们对于高等教育的需要更多的是"求学"而非单纯的"升学"，他们不再满足于传统的"仕""贤"人生取向，也不再将"上大学"看成跳出"农门"、告别"蓝领"、改变身份的踏板，他们的期望与职场的期望一致，即比较的是"学力"而非"学历"。

此外，在教学过程中，高校师生均被一些现象所困扰：

一是现代网络技术促进教学模式的变革，大学教师是适应变革，还是维护传统授课模式？

二是难以产生创造力的沉默课堂现象，教师无奈，学生无聊，如何破解？

三是高校课堂是否还需要教科书的存在？若需要，需要的程度是多大？

四是就业压力下的大学生是否真的排斥理论学习？

五是对于大学生学业评价的目的，是为了测量还是为了学习？

对于上述问题的回答，就构成了本著作的主要内容。

本书共分三个部分：

第一部分是中国高校本科课堂教学模式变革的必要性分析，主要说明教学模式变革的内外推动力问题。

第二部分是中国高校本科课堂教学效果影响因素实证研究，主要在"教师特质""学生特质""师生关系与行为"对于课堂教学效果的影响的文献分析基础上,形成高校教师课堂教学效果的测量量表,通过面向 366 所高校发放的 3 500 份调查问卷(回收 3 139 份,通过测谎题筛选以及对所回收问卷答案重合率的筛查,最终得到有效问卷 2 704 份),经过相关的数据统计分析,得到如下结论:

一是按影响课堂教学效果程度由大到小排序,影响最大的是"教师类型",其次是"学习态度、学习动机、教学管理方式",再次为"师生互动、学生类型"。

二是从学生角度而言,"课堂质疑"是打破课堂沉默现象的一把利剑。尽管在调查过程中,发现"课上埋头记笔记""听他人回答问题"的学习方法是大学生课堂学习的主流,但依然有四成的同学愿意进行"课堂质疑""主动回答",说明小至课堂文化、大至校园文化主推"主动学习型"大学生为标杆,不仅是反向推动教师教学模式变革的动力,而且也利于培养大学生敢于思考、敢于质疑、敢于挑战权威、敢于提问的行为习惯,从而达到提升课堂教学效果的目的。

三是从教师角度而言,提升高校课堂教学效果的六大常规教学行为(学术训练、课件准备、分类教学、提问技巧、有效知识、板书教材)和四大学生期望教学行为(反思学习、理解学生、课业评价、学生参与)。

第三部分教科书的使用水平与本科课堂教学效果间关系研究——基于"人事测评技术"课程的调查。如果说第二部分主要围绕"教师的教学行为"影响"教学效果"的话,那么第三部分就是以笔者最为熟悉的这门课程为例,研究"学生的学习行为"和"教师的教科书使用水平"如何影响"教学效果"的问题。

第三部分在对教师对待教科书使用态度、教科书使用水平测量与评价模型综述的基础上,借鉴了文献中教师对教科书使用水平的测量模型构造了调查问卷,面向 167 所高校发放了 2 000 份调查问卷(其中有效问卷 1 499 份,首都经济贸易大学样本量为 465,占有效问卷的 31%),得到如下结论:

一是大学生们看待教科书的态度,就是"教科书是课堂内容最高权威的信息源""教师是主导,学生是主体,教材是教师传授给学生知识的中介",同时,学生们非常排斥的两个观点是"对教师而言,教材只是一种教学工具""对学生而言,教材只是一种辅助学习工具"。

二是衡量教师教科书使用水平两类评价维度,即深层次的教科书使用效率维度(包括 4 个评价指标)与浅层次的教科书阅读效率维度(包括 3 个评价指标)。通过该测量模型,发现高校教师对于教科书使用水平介于常规使用和部分修正使用之间。

三是发现大学生主流学习策略,即有用策略、理解策略、深入学习策略。大学生在对自我课堂参与行为的评定中,他们认为自己在"合作、认真、问题解决、自信"方面具有优势,但"积极性、创造力"是他们的两大劣势。

四是构建了高校课堂教学效果的表现性评价指标体系。

总之,无论高等教育目标设置得多么宏大,但此目标,即"受过高等教育的人应成为有教养的人,不仅拥有专业知识,还应具有学术技能和思维创造力,成为拥有未来可雇用能力的人"应该是众望所归的。因此,本书的写作,为奋战在高等教育第一线的教师提供了改善其教学效果的参考书,也为教学管理部门实施激励教师政策措施提供数据论证依据。

本专著是教育部人文社会科学研究青年基金项目(10YJC880006),即"高校教学模式变革对大学生就业能力、就业质量影响机制研究"、2015年首都经济贸易大学教育教学改革项目"100分钟本科课堂教学效果与高校教师教材应用水平的关系研究"、2013年首都经济贸易大学后备学科带头人项目、首都经济贸易大学劳动经济学院国家重点学科的重要研究成果。

在研究中,我要特别感谢我授课班级的本科生和指导的研究生,他们是劳动经济学院参与调查问卷发放与数据录入工作的95位本科生,以及做数据收集与初步整合工作的2014级教育经济管理专业研究生高艳丽,本次高质量、大样本调查数据的获得离不开他们辛勤的劳动。

在写作过程中,笔者参阅了国内外的大量资料,部分作为脚注列示。不过,由于作者水平有限,本书一定还存在很多缺点和不足,敬请广大读者批评和指正!

边文霞
2015 年 7 月

目 录

第一部分　中国高校本科课堂教学模式变革必要性分析

第二部分　中国高校本科课堂教学效果影响因素实证研究

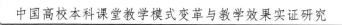
第三部分　教科书的使用水平与本科课堂教学
效果间关系研究
——基于"人事测评技术"课程的调查

第一部分　中国高校本科课堂教学模式变革必要性分析

国际经验表明，当人均 GDP 达到 800～1 000 美元时，消费结构性变化的标志是食品消费份额明显下降，教育、卫生保健、通信消费份额上升，成为消费热点。到 1999 年，中国的人均 GDP 已经超过了 700 美元，一些发达地区甚至超过了 1 000 美元；2003 年，中国人均 GDP 首次突破了 1 000 美元的"贫困陷阱"①，进入由低等收入跃至中等收入的起飞阶段；2006 年突破 2 000 美元②，2008 年突破 3 000 美元，2011 年超过 5 000 美元③，2014 年人均 GDP 达到 7 485 美元④，表明中国已经进入中等收入偏上国家的行列。

与国民经济和居民收入水平逐年递增不相适应的是，中国大学生的就业形势日益严峻。2005 年，中国劳动力市场信息网监测中心首次将应届高校毕业生纳入"新成长失业青年"的统计范畴中。每到大学毕业季，"大学生毕业人数再创新高""史上最难就业季"就成为当季的热点词汇充斥在各种媒体

---

① 所谓"贫困陷阱"，通常是指这样一种情况，处于贫困状态的个人、家庭、群体、区域等主体或单元由于贫困而不断地再生产出贫困，长期处于贫困的恶性循环中而不能自拔。一旦掉进这种"贫困陷阱"，要想从里边跳出来就不是一件容易的事情了。20 世纪 50 年代有三位经济学家揭示了"贫困陷阱"的产生根源：①纳克斯（Nurkse）于 1953 年提出"贫困恶性循环论"（vicious circle of poverty）；②纳尔逊（Nelson）于 1956 年提出"低水平均衡陷阱"（low‑level equilibrium trap）；③缪尔达尔于 1957 年提出"循环累积因果论"。这些理论认为发展中国家总是陷入低收入和贫困的累积性恶性循环之中，用纳克斯的话说："一国穷是因为它穷。"（A country is poor because it is poor.）

② 人均 GDP 2 000 美元是一道槛，当人均 GDP 迈入 2 000～10 000 美元时，这个地区的经济发展则进入了加速发展阶段。

③ 国际经验表明，当人均 GDP 超过 3 000 美元以后，往往是一个地区的经济变动较快的阶段，城市化、工业化的进程也会加速发展，而居民消费类型则将发生大转变；当人均 GDP 达到 5 000 美元后，经济的快速发展不仅带来了经济总量的增长，还带来了社会经济成分、组织形式、利益关系和分配方式的日益多样化。

④ 世界银行的 2013 年新标准，使用 World Bank Atlas Method 计算的人均 GNI 小于 1 045 美元的国家为低收入经济体，人均 GNI 在 1 045～4 125 美元的国家为中等偏下收入经济体，人均 GNI 在4 125～12 746 美元的为中等偏上收入经济体，人均 GNI 在 12 746 美元以上的为高收入经济体。

中。另外，近几年在3月5号召开的"两会"，其中均离不开大学生就业难与企业招工难议题，特别是大学生低收入群体的确存在，不断涌现的众多新词向我们形象地展示着他们的生活——"蚁族""考研族""考碗族""校漂族""啃老族""蛋形蜗居族"……他们的就业质量堪忧正如联合国开发计划署所言，青年人能够成为一股推动国家发展的"可畏的"力量，但前提是他们需要得到合适的条件和机会，得到社会的包容并感受到自己的价值，而这似乎仍是摆在每个国家面前的艰巨课题。

在中国经济转型、大学生就业体制改革、高等教育后大众化时期①等多重背景下，中国大学本科学历教育信号在劳动力市场上开始弱化，伴随"可畏的力量"就业难的发生，中国高等教育生态已经发生巨大改变，主要表现为大学生们更多地期望"求学"而非单纯的"升学"，他们不再满足于传统的"仕""贤"人生取向，也不再将"上大学"看成跳出"农门"、告别"蓝领"、改变身份的踏板，现今大学生们更为看重"学力"而非"学历"。

这种"学力"将成为大学生未来求职成功的重要能力，换言之，即"可雇用能力"或"就业能力"；而当大学生们成功就业后，其就业质量，即他们未来职业生涯发展的重要影响因素也是"学力"。"大学课堂"恰是培养大学生"学力"的主要场所，是高等教育质量的生命线所在。显然，大学教学任务的完成依赖于师生间的紧密合作，大学生的课堂学习行为和高校教师的教学行为是大学课堂教学的重要组成部分，是影响高等教育质量的关键因素，也是关系着大学生自身全面发展的重要因素。

由此，本课题的两大研究对象，一是"教学模式"的变革与创新的执行者，即教师；二是"就业能力"的获得者，即大学生。两大研究对象行为如何相互影响是本课题的研究核心。

---

① 当接受高等教育人数低于适龄人口的15%时，即"英才教育"阶段，高等教育主要是培养治国英才和学术英才，体现国家的意愿，因此，接受高等教育被看作少数人——天赋好的人、有特殊背景的人的特权；当接受高等教育人数达到适龄人口的15%~50%时，即"大众化教育"阶段，高等教育则从满足培养少数英才的国家需求，转向同时满足更广泛的社会需求和个人需求，个体需求、人本需求开始得到体现，此时，人们将接受高等教育看作是大多数人都可能享有的一种权利，只要你具有一定的聪慧，或天赋虽一般，但有一定的经济作保障；而当接受高等教育人数达到适龄人口的50%以上，即普及化阶段时，高等教育则成为每个人生活准备、工作需要的一部分，也就是说接受高等教育被看作是人人都应承担的一种义务。

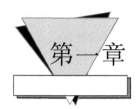

第一章

破解教学质量困境呼唤教学模式的变革

一、打破大学"课堂沉默"现象的需要

2015 年 4 月 14 日出版的《中国青年报》第二版的一篇文章令笔者心生感慨，"4 月 10 日，《中国青年报》'青年话题'刊发了一个二本院校大学生的吐槽：'在我看到的课堂上，少有互动交流的师生，很多学生都不约而同地选择坐在最后三排位子上，前排的座位空荡荡'，'整整三年，我几乎没有问过问题，因为怕遭到围观与调侃。我选择做一个哑巴，和数千名与我一样的人深陷沉默的螺旋之中。在这样的环境中，老师的角色也发生着改变。'……课堂上主动回答问题、课后围着老师提问的学生寥寥无几。似乎，教师和学生永远是两条平行线，没有交集可言。然而，依笔者的教学经验，私底下，师生之间彼此还是有期望的，但这种期望往往都会演变成互相抱怨——老师抱怨学生沉闷、不活跃，学生则抱怨老师在课堂上自娱自乐，不安排任何互动环节……教学督导、班级信息员、教师教学评价系统、学生座谈会、教师发展中心，都能及时跟踪和反馈教学，而且几乎每所学校每年都会举办青年教师讲课竞赛，很多大学课堂缘何依旧死气沉沉？"①

现实中，没有哪一位教师愿意面对沉默的课堂，也没有哪一位教师不渴望与学生交往和平等对话。而导致中国高校本科课堂沉默的主因之一就是教学模式②。这是因为大学生们经过十余年"教师讲、学生听"传统教学模式和高考指挥棒应试教育体制的训练，出于训练惯性，大学生们对于老师讲授的内容只会"唯命是从"，不敢也不会提问。武汉大学文学院教师冯学锋指出"学生不知道如何和老师交流，这是大学学习的一种悲哀。"③ 冯老师推行的免试制度，规定"谁提出 3 个或 3 个以上有价值的问题，谁就可免期中和期

---

① 若尘．一个三本院校教师的回应：打破沉默的课堂需要师生共同发力［N］．中国青年报，2015 - 4 - 14：02.

② 1972 年由美国哥伦比亚大学乔伊斯（B. Joyce）和韦尔（M. Weil）首提"教学模式"一词，并对其内涵做清晰界定："教学模式就是学习模式，在帮助学生获得信息、思想、技能、价值、思维方式及表达方式时，我们也在教他们如何学习。事实上，教育的最终目的是将来能够提高学生更容易、更有效地进行学习的能力。因此，乔伊斯认为，教学模式是构成课程和作业、选择教材、提示教师活动的一种范式或计划。"

③ 柯进，袁于飞，冯晶．大学生缘何患上"课堂沉默症"［N］．中国教育报，2007 - 6 - 5：第2 版．

末考试，并且成绩优等！”结果十来年只有两名大学生豁免期中考试。

随着社会各界对于高等教育质量的要求越来越高，提升未来大学毕业生就业能力和就业质量的紧迫性越来越受到高校教学管理部门、一线教师及大学生重视。特别是 2012 年以来出现的新型的教学模式，即慕课、微课，加速了中国高校教学模式的变革。

二、"新常态"下中国经济结构的需求

中国 GDP 增速在 2009 年"四万亿"刺激下经历了一轮反弹，但到 2012 年，市场对中国经济"强复苏"的展望不断上调至"弱复苏"和"软着陆"。从 2013 年开始，中国经济出现明显的短周期波动特征，而进入 2014 年后，波动更为频繁，并且开始稳定在 7% ~7.5% 这一通道中。

亚太经合组织工商领导人峰会 2014 年 11 月 9 日至 11 月 11 日在北京国家会议中心举行，国家主席习近平出席开幕式发表《谋求持久发展共筑亚太梦想》的主旨演讲。习近平强调，中国愿意同本地区各国携手实现亚太美好梦想。在把"新常态"作为执政新理念关键词提出 6 个月后，首次系统阐述了新常态，他认为"中国经济呈现出新常态，有几个主要特点：一是从高速增长转为中高速增长；二是经济结构不断优化升级，第三产业消费需求逐步成为主体，城乡区域差距逐步缩小，居民收入占比上升，发展成果惠及更广大民众；三是从要素驱动、投资驱动转向创新驱动。"

总之，经济发展进入新常态，表明我国经济正在向形态更高级、分工更复杂、结构更合理的阶段演化，经济发展方式正从规模速度型粗放增长转向质量效率型集约增长，经济结构正从增量扩能为主转向调整存量、做优增量并存的深度调整，经济发展动力正从传统增长点转向新的增长点。

认识新常态，适应新常态，引领新常态，不仅仅是当前和今后一个时期我国经济发展的大逻辑，也是高等教育机构推动教学模式变革的一大契机，从而提升大学生素质培养质量，进而提升其就业质量。

三、国家中长期教育改革发展规划
纲要（2010—2020）的需求

国务院于 2010 年 7 月 13 至 14 日在北京召开的第四次全国教育工作会议，是与第三次会议相距 11 年后召开，会议主要成果就是做出了国家中长期教育改革发展规划纲要（2010—2020）。其宗旨要通过全面落实国家教育改革和发展规划纲要，努力开创我国教育事业科学发展新局面，即确保到 2020 年我国基本实现教育现代化，基本形成学习型社会，进入人力资源强国行列。推进素质教育，要求教育机构解决好培养什么人、怎样培养人的重大问题，重点是面向全体学生、促进学生全面发展。对高等教育而言，就是要让我们的教育成果——大学生，让他们幸福地通过大学教育，毕业后找到一份有尊严、能实现大学专业教育价值、对社会、对家庭有意义的工作，以此获得一种大学教育所带来的现实幸福感，这对当前大学生、政府、高等教育机构来说，无疑是很重要的。

四、寻找能够获得大学生们认可的
教学行为的需要

笔者于 2015 年 4 月 22 日至 2015 年 5 月 15 日进行了中国高校本科课堂教学现状与教学效果的调查，面向 366 所中国高校（具体高校名录参见附录一），发放 3 500 份调查问卷，回收问卷 3 139 份，其中有效问卷 2 704 份，问卷有效率为 86%。

表 1−1 主要是由大学生们选出对他们的课堂学习效果最有帮助和影响的教学行为，其中表格中的百分比均为有效频率，从"非常重要"到"不重要"按照 9、7、5、3、1 分别赋予权重，得出 24 种教学行为的得分，笔者按照 0.5 差距，将 24 种行为划分成 5 个等级。

表 1−1 最高分仅 2.81 分，最低分有关教材学习的仅 0.08 分。显然，调查问卷中 24 种在中国高校标准化的教学行为不被大学生们所认可，到底可以提升高等教育教学质量的教学行为有哪些？我们如何改进？

表 1-1　对大学生们学习效果最有帮助的教学行为排序与星级评价表

中国高校教师本科课堂教学的具体行为表现	极其重要（%）	非常重要（%）	很重要（%）	重要（%）	不重要（%）	加权平均数	重要度
2 教学内容、难度适合学生当前的能力水平	16.25	9.53	6.61	8.64	9.32	2.81	★★★★★
1 清晰阐述教学目标，并向学生提出课程期望	15.17	3.63	4.97	2.29	2.42	1.96	★★★★
3 教学准备充分，内容丰富	11.22	7.55	4.08	1.65	3.11	1.82	
4 适当回顾和重复先前知识，建立新旧知识之间的联系	8.56	7.55	5.56	2.96	2.13	1.69	
12 课堂教学中，重视所授知识的实用性	3.87	7.42	9.68	8.30	4.08	1.64	
5 根据教学内容，选择适当教学方法，如灵活运用讲授法、案例法、小组讨论法	7.73	7.51	4.08	3.22	3.36	1.56	
7 讲课过程中，关注学生的表情与反馈，及时调整教学	4.32	7.84	5.77	4.24	3.19	1.39	★★★
6 语言表达清晰明了，逻辑性强	4.90	7.42	5.77	3.73	2.00	1.38	
9 注重提出引发学生课堂讨论的问题，激发学习积极性	2.74	6.54	5.94	4.49	2.93	1.17	
11 课堂教学中，重视宣讲时的感染力	2.62	5.65	5.89	5.08	3.15	1.11	
13 课堂教学中，重视课程内容的前沿性	1.91	3.67	7.24	6.86	4.55	1.04	
17 课堂教学中，重视课程内容的广度，提供非教材类的课外阅读书目以拓展知识体系	2.54	3.71	5.22	7.58	4.81	1.02	

续表

中国高校教师本科课堂教学的具体行为表现	极其重要（%）	非常重要（%）	很重要（%）	重要（%）	不重要（%）	加权平均数	重要度
19 课堂氛围融洽，师生友好平等，交流真诚	3.41	3.04	3.24	6.31	7.57	0.95	
23 以端正积极态度对待每一堂课，教学认真负责	3.20	2.40	2.48	3.68	12.17	0.81	
21 提供研究方法的指导与训练，培养学生的科研能力	2.00	3.37	2.32	5.72	7.02	0.77	
8 讲课过程中，安排时间让学生思考或回答问题	1.91	4.01	3.96	1.95	2.38	0.73	
16 课堂教学中，PPT 展示课件简洁明了、生动形象，能有效发挥辅助教学效果	0.75	1.90	3.83	6.44	2.76	0.61	★★
18 课堂教学中，重视课程内容的深度，如提供专业期刊论文，或论文精华内容赏析	1.62	1.52	3.71	3.85	3.70	0.59	
22 提供课外时间的学习指导与训练	1.41	1.48	2.19	4.83	6.47	0.55	
24 课堂教学中，教学内容不按既定教材讲授，教师有自我讲授逻辑	2.45	1.22	1.22	2.24	8.00	0.51	
15 课堂教学中，教学发音标准，语速适中	0.46	1.48	3.41	2.71	1.91	0.42	
14 课堂教学中，重视黑板板书	0.46	0.93	1.85	1.61	0.72	0.25	★
20 提供学习方法的指导与训练，培养学生的学习能力	0.37	0.25	0.55	0.85	1.40	0.12	
10 课堂教学中，教学内容紧扣主讲教材	0.08	0.34	0.42	0.72	0.47	0.08	

（一）大学生学习效果影响最大的教学行为是"适当授课内容与难度"

对大学生学习效果影响最大的三种教学行为，也是一线教师最常见的教学行为，它们按照影响重要程度由高到低分别是"适当授课内容与难度""清晰教学目标与期望""备课充分"。

这个结论给我们的启示是，"备课"不仅仅是"备教学内容"，更多的应是"备学生"。一线高校教师同时承担着科研与教学的双重压力，使得教师在讲解相关知识点时，不自觉地忽略了"大学生们当前的能力水平"，要么讲授过难令大多数同学不知所云，要么讲授太过简单使得同学们收获寥寥。

（二）关注大学生与高校教师观点相背离的问题

中国高校教师最常见的三大教学行为，即"端正教学态度""融洽课堂气氛""简明生动课件"均被大学生们视为对他们课堂学习效果影响不大的行为。这与首都经济贸易大学劳动经济学院的有关高校教师"学评教"分数影响因素的结论吻合。

中国高校教师在课堂讲授中，对于"学生表情与反馈""感染力的宣讲"不大重视，而这两种行为恰是大学生们认为对他们学习效果有比较重要影响的因素。

对于高校教师在课堂中强调的"学术技能训练"部分，大学生们认为对他们的学习效果影响不大，这就不得不令我们深思，毕竟"高等教育"与"职业教育"是两码事。

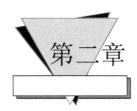

第二章

慕课、微课加速中国高校教学模式的变革

一、新型教学模式——翻转课堂的出现与发展

2007 年，那些由各种教学短片构成，内容以知识点为单位，聚焦新知识讲解，形式上强调片段化、碎片化，便于网络传播与学习的"视频"悄然出现在网络上，其中最为著名、影响力最大的是"翻转课堂"与"可汗学院"。

图 2-1 描述了翻转课堂教学模式，教师的"教"与学生"学"的关系与过程，这种新型教学模式起源于美国科罗拉多州落基山的一个山区镇学校"林地公园高中"（Woodland Park High School）的化学老师乔纳森·伯尔曼（Jonathan Bergmann）和亚伦·萨姆斯（Aaron Sams）为那些由各种原因时常错过正常的学校活动，且过多的时间花费在往返学校的巴士上而耽误上课的学生，录制了将实时讲解和 PPT 演示相结合的在线视频课程，随后逐渐演变成以学生在家看视频听讲解为基础，而课堂时间主要用来为完成作业或做实验过程中有困难的学生提供帮助的教学模式，这一模式改变了夸美纽斯以来的传统课堂结构、以教师为中心的传统教育理念和班级集体教学的传统教学流程，被称为"翻转课堂模式"（Flipped Class Model）。

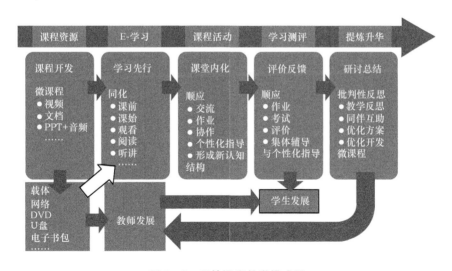

图 2-1　翻转课堂教学模式图

而同样在 2007 年，美国的基金公司分析员萨尔曼·可汗（Salman Khan）在衣帽间里创造了一种前所未有的教育方式，通过自己应用涂鸦工具制作的

视频课件为表亲补课开始，随后录制 10～15 分钟的教学视频放到网上供人们免费学习，并创立了打开"未来教育"曙光的非营利组织"可汗学院"（Khan Academy），比尔·盖茨对此的评价是："可汗把用在对冲基金上的 160 分智商转移到了让更多人受益的大众教育领域中。"

二、MOOC——优质教学资源共享理念的传播与实现

知名高校看到了网络传播对于教育的重要意义，特别是共享优质教学资源的理念逐渐被大众所接受，直至 2011 年秋，美国斯坦福大学开发了 Udacity 在线课程与 Coursera 在线免费课程，麻省理工学院和哈佛大学联合推出的 edX 网络在线教学计划，标志着 MOOC（Massive Open Online Course，大规模网络开放课程，中国学者焦建利首先把它音译为"慕课"）诞生，尽管其他国家也有在线学习课程，但均是在 2013 年才逐渐升级为 MOOC 平台，如德国柏林洪堡大学于 2011 年创立了名为 iversity 的学习管理系统，是在 2013 年 10 月升级为 MOOC 平台。MOOC 与网络视频课程不一样之处在于，它是采用有计划、有进度、有互动、有测验、有证书的教学模式，高度重视学习者之间的分享与合作，并以推动学习社区的建立为宗旨，培养并提升学习者自主学习能力与自我管理能力。

2012 年 6 月 20 日至 22 日，在联合国教科文组织总部举行的 2012 年世界开放教育资源大会（OED，Open Educational Resources）上，大会发布的《2012 年巴黎开放教育资源宣言》，呼吁各国政府支持开放教育资源的发展并推动其广泛使用，助推其传播和壮大。开放教育资源得到了世界组织的关注。由此可见，开放教育资源开始成为发展高等教育的一个重要领域。

三、MOOC 在中国的传播与发展

2013 年，中国第一家以高校名义建立的大规模在线课程平台——清华大学"学堂在线"创立；上海市成立"高校课程共享中心"，北京大学、上海交通大学等高校也建立了高水平在线课程平台；大陆和台湾的 5 所交通大学联合推出全球第一个专门服务于华人的在线教育平台 ewant。同年，"爱课程网"（www.icourses.cn）是教育部、财政部"十二五"期间启动实施的"高

等学校本科教学质量与教学改革工程"支持建设的高等教育课程资源共享平台，它面向高校师生和社会大众，主要包含"中国大学 MOOC"（2014 年 5 月推出）、"中国大学视频公开课"和"中国大学资源共享课"。

表 2－1 说明中国教育界对于 MOOC 的认识程度，笔者非常认同如下观点：2012 年开始兴起的"MOOC 教学模式"不仅对优化中国高等教育结构和功能、推进高等教育大众化和终身教育体系的建立产生深远影响，同时还为实现全球优质资源共享，提高高等教育质量而完善高等教育体系具有重要的作用。

表 2－1　MOOC 在"中国期刊全文数字库"论文发表动态（截止时间 2015 年 6 月）

搜索主题	2015	2014	2013	2012	早期最有影响力的论文	下载量
MOOC 教学	20	23	6	1	《探索 MOOC 教学方法在 mLearning 中的运用》，中国远程教育，2012（3）	4771
MOOC 教育	4	13	6	0	《MOOC 的发展及其对高等教育的影响》，江苏高教，2013（2）	10163

MOOC 的到来及其重要的表现形式——微课视频，在令高校师生获得大量共享优质的教学资源的同时，让一线教师反思自己所在大学的课堂教学现状与教学效果，而且越来越多的在校大学生开始质疑现行的大学课堂教学模式与其学习效果评价模式。

四、高校教师对教学模式与教学内容选择困惑

有的学者称中国的高等教育会因 MOOC 的到来而发生深刻的改变，如南京大学教授桑新民、李曙华、谢阳斌教授在《"乔布斯之问"的文化战略解读——在线课程新潮流的深层思考》中对大规模开放在线课程新潮流进行了现实考察、理论探究、未来展望和跨文化沉思。他们认为，这是 21 世纪教育冲破"机械灌输＋标准化考试"的"工业流水线"人才培养模式，引发大学生

学习方式变革的攻坚战。[①]

（一） 网络教育不能替代传统的学校教育

但笔者认为，MOOC课程能提供的主要是课程知识和技能，但是学生的独立生活、社团活动、班集体团队交往和社会实践体验等需求，特别是考试作弊和中途退课问题，MOOC都很难解决，而这些又恰是学生就业能力培养的重要组成部分，也是企业选拔人才时比较看重的地方。因此，MOOC不能替代学校教育。

在中国，网络教育早已存在，比如中国的政府推行的开放课程，国家精品课程、广播电视课程等都是依托互联网而开设的，目前各个高校又纷纷推出各类校级精品视频课程作为主讲教师讲授课程时的辅助工具，笔者主讲的"人事测评技术"就是2015年首都经济贸易大学精品视频课程之一，但是，不能过分夸大或依赖新型教学模式作用，毕竟"传递—接受式""自学—辅导式""抛锚式""互助学习式""探究式""理论教学、案例教学和实验教学组成的混合式"教学模式[②]对于大学生就业能力培养起着重要作用。

（二） 混合教学模式依然是本科课堂的主流模式

目前，中国高校中"理论教学、案例教学和实验/实践教学"三者以各种不同时间权重组合而成的混合教学模式是主流，笔者发现100%时间权重的理论教学模式就是"传递—接受式"教学模式，100%时间权重的案例教学模式则是"抛锚式"教学模式，100%时间权重的实验/实践教学模式则成为"探究式"教学模式。作为高校一线教师，对于提升教学效果的课堂教学模式选择，经常进入一种无所适从的境地，因为这将决定该门课程的教学内容的选择、学生学业评价标准的设计以及是否令学生们学有所得，从而提升其就业能力，影响他们未来就业质量，这是中国高等教育成功的标准之一。

① 桑新民，李曙华，谢阳斌. "乔布斯之问"的文化战略解读 [J]. 开放教育研究，2013 （6）：30-40.

② 边文霞. 本科教学模式与大学生学习能力、就业能力关系研究 [M]. 北京：首都经济贸易大学出版社，2012 （2）：19-30.

(三) 本科生排斥"亲和型"与"尽责型"教师

对于每一位在教学第一线的高校教师而言，每学期的教学任务结束时，有关所授课程"教学效果"的评价主要来自于"学评教"分数。处于教学一线的老师们经常沮丧地看到如下不正常现象，即为什么全程参与教师教学过程并且拥有一定判断能力的大学生在"学评教"过程中，他们认可的授课教师，不一定是教师群体中所认可的那一位，换言之，大学生评价与教师同行评价出现不一致的矛盾现象。为什么一个具有良好设计初衷并且被广泛应用的制度会逐渐流于形式，沦为大学生的"一分钟游戏"？

特别是首都经济贸易大学劳动经济学院在2015年6月面向全院43位给本科上课的教师做了有关影响学评教分数的调查，分别针对学生与教师做了全员调查，最后采用匹配数据的处理方法，得出"学评教"高分的教师大五人格主要是"外倾性与开放性"，而"学评教"低分的教师大五人格类型为"宜人性与尽责性"。这个结论与笔者针对影响人事测评技术课程教学效果的调查结果不谋而合。

2007年，笔者作为一线教师，亲自参与人力资源管理专业一门本科课程，即"人事测评技术"课程教材编写与讲授工作，为了提高"人事测评技术"课堂教学效果，笔者每学年均会用心准备教案，精心挑选教学辅助资料，该门课程也从最初的专业选修课晋升为专业必修课。看着每次讲授侧重点不同的教案和逐年增长的学评教分数，颇感欣慰，但作为一线教师困惑的问题却一直未能有效解决。因此，笔者从2014年针对所授人力资源管理4个班级做了有关"人事测评技术"教学模式调查；2015年又扩大了调查范围，针对开设与"人事测评技术"类似的课程（如"人才测评"、"素质测评"、"人力资源测评"等等）的高校做了问卷调查，其中来自167所中国高校的大学生（具体高校名录参见附录三），共有1 733名本科生（其中有效问卷1 499份）参与调查。其中，调查问卷最后一道开放题是让大学生们对此类课程提出期望，结果令笔者大吃一惊，即大学生们希望在有限的课时约束下，此类课程内容"多实践、少理论"与"多案例、少概念"，课堂气氛"多趣味、少严谨"。这一现象很值得我们警惕并深思如下问题：高校课程教学内容一定要纳入现实/不现实、有用/无用这样的概念框架之中吗？

五、本书研究目的与方法

随着现代教育技术的发展应用和教育质量工程的深入开展，特别是 MOOC 教学模式带来高等教育变革及作为教学一线老师的困惑问题求解背景下，笔者通过 2015 年的"中国高校本科课堂教学现状与教学效果"的调查，特别是依托笔者所讲授的"人事测评技术"课程及 2014 年与 2015 年所做的"教学模式选择、教科书使用水平"的调查，分析中国高校教学模式的变革对教师教学方法、教学内容、大学生学业评价的影响，并就"教育实践排斥理论教学现象""教科书的使用与不用的选择困境""为了测量还是为了学习"问题做深入探讨与剖析，从而为寻找教学模式变革对大学生培养质量影响路径，提出现实的参考意见。课题组还将结合经济学、社会学和统计学的研究方法，采用文献分析、比较分析、问卷调查与深度访谈相结合的方法，依托 SPSS16.0 软件所做的模型分析结果，最终达到本项目的研究目标。

第二部分　中国高校本科课堂教学效果影响因素实证研究

　　没有哪一位教师愿意面对沉默的课堂，没有哪一位教师不渴望与学生交往与对话。可是近年来，我国大学生课堂沉默的现象正呈现出从高年级向低年级扩散，由公共课向专业课渗透的趋势。所谓大学生"课堂沉默"①，即指大学生个体在课堂教学活动中，在思维、情感和行为等层面所表现出来的一种对教学内容与要求不关联、不参与的心理状态与行为。换言之，"课堂沉默"由"思维沉默"②"情感沉默"③"行为沉默"④ 组成。

　　为什么在大学教学课堂中，学生们会呈现出如此漠然态度及拒绝思考与回答问题的行为？对于大学生们，当被问及"请说出本学期中你所学课程的任课教师姓名？"回答不上来或不全者比比皆是。同时，对于任课教师提出相类似的问题时，即"请明确叫出本学期所授课程班级同学们的名字？"我们也吃惊地看到，许多教师也仅仅能够叫出少得可怜的几名学生的姓名，甚至学生站在身前，不认识的也比比皆是。教师这种行为表现，对于学生而言，何尝不是另一种"课堂沉默"。

　　笔者也经常带着这样的问题，反思自己，为什么1995年任教班级的50

---

　　① 滕明兰. 大学生课堂沉默的教师因素［J］. 黑龙江高教研究，2009（4）：146.

　　② 所谓思维沉默，就是指学生对所学内容找不到兴奋源，不能主动积极地进行思考、探索的一种被动学习状态。大学生课堂思维沉默主要表现在以下几个方面：一是学生能够听教师讲课，但是，仅仅是一种听觉器官参与的复制式的听课，既不能对教师所讲内容进行提炼归纳，更不能提出问题；二是对所学内容找不到兴奋源，总处在被动地接受状态；三是作业网上抄袭。

　　③ 所谓情感沉默，就是指学生的好奇心、兴奋点等没有被教师或教学内容所激活，呈现出对学习内容的不关心、不参与、不感兴趣等情感状态。大学生课堂情感沉默的主要表现在以下三个方面：一是课前不预习；二是课上注意力不集中；三是课后对所学知识不反思。

　　④ 所谓行为沉默，就是指学生在课堂学习过程中，对所学内容既不动笔，也不开口，或从事与教学无关活动的一种非学习状态。大学生课堂行为沉默主要表现有：一是课堂上看与本课程无关的书籍或做其他课程的作业；二是与同桌窃窃私语或玩手机、发信息。

名学生，到目前依然清晰地记得他们的样貌与名字，但当前班级容量为 40 反而记不住。究其原因，教师自身的教学行为中，具有严重的"言行不一致"之处。我们在理论上，高度认同教学过程是教师"教"与学生"学"的统一活动过程，是师生知识、经验与情感的交流与交往的过程，教学任务的完成依赖于师生间的紧密合作；但在课堂教学实践中，我们仅仅将教学简单理解为教师"提问"与学生"回答"，但对于所提问题及学生回答问题的质量未能做深度反思，忽视了教师和学生在互动过程中对知识的建构和共享，学生依然是知识的被动接受者，长期的灌输势必造成学生坐等的习惯，在这种情况下，大学生课堂沉默就不足为奇了，同样教师记不住所教学生的姓名也不足为奇。

如果说那些教学效果较差的课堂，是因为没有能够引起学生足够兴趣点的"问题"，那么，何为有质量的"提问"？早在两千年前我国儒家学派创始人孔子（公元前 551—公元前 479）提出"不愤不启，不悱不发"的启发式教学，意谓教师应该在学生认真思考，并已达到一定程度时恰到好处地进行启发和开导；同一时期，古希腊的苏格拉底（公元前 469—公元前 399）所提的助人生产而非替人生产的"助产婆"式教学模式，则是对高质量"提问"的理论概括。这两位主导东西方文化的先哲，他们与学生间的提问与问答就是典型高质量教学互动行为的代表。20 世纪 80 年代著名教育家陶行知先生认为，"如果你不带偏见地去考虑问题，则行动生困难，困难生疑问，疑问生假设，假设生试验，试验生断语，断语又生了行动，如此演进于无穷。"这是典型的知识产生过程的一般描述。

总之，无论是当前中国高校教学行为中的"沉默现象"，还是教育家们口中的至理名言，均告诉我们，教师要善于"提出问题"，而学生应积极"回答问题"，从而在课堂教学中形成有效的"师生互动"，最终达到优质教学效果的终极教育目的。

第二部分主要以"教师特质""学生特质""师生关系与行为"为关键词，在文献分析基础上，形成高校教师教学效果的测量量表，通过相关调查数据统计分析，以期得到能够打破"课堂沉默"的任课教师"教学行为"和大学生"学习行为"。

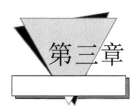

第三章

教师特质、学生特质及师生
关系影响教学效果的文献综述

孙亚玲（2005）[①] 认为教学效果（teaching effect）指教学活动结果（teaching results）中与预期教学目标相符的部分，它考察的重点是学生，即"教学预设"与"学生生成"是否吻合以及吻合的程度如何。教学"有效果"回答了教学是否做了应该做的事情，教学的效果体现在达成了学习者所要实现的目标。这也是本文所认同的观点。而在梳理与"教学效果影响因素"有关的文献中，我们得到能够影响高校课堂教学效果的两大主体及其互动关系，即教师主体（教师特征、教师行为、教师知识）、学生主体（认知水平、学习动机、学习时间、学习态度）、师生关系与行为（师生交往、教学策略、教学环境、父母受教育水平、家庭作业等）。

一、师生关系与行为影响教学效果的综述

1986 年，由美国高等教育协会、全美教育委员会和约翰逊教育基金会主持制定了《提高大学本科教育质量的七原则》，并于 1987 年公开发表，这七原则是：鼓励学生与教师之间的接触，鼓励学生之间的合作，鼓励学生主动学习、迅速反馈，强调学习的时间，向学生表达出高度期望，尊重不同的才能和学习方式。七原则表明高校教学效果提升的 7 个方面，即师生互动、生生互动、自主学习、及时反馈、学习时间、尊重学生、尊重差异。显然，师生之间、生生之间的交往和互动被看作是影响教学有效性的一个关键因素，教学不再被看作由教师决定而是取决于双方以及生生间的互动。

（一）师生互动类型综述

师生互动是一种特殊的人际互动，指在师生之间发生的各种形式、性质和各种程度的相互作用和影响。现代教学论指出，教学过程的实质就是教师和学习者直接或间接地互动，从而走向共同发展的过程。

师生互动有课堂教学过程中的师生互动和课堂外的师生互动之分，这里我们所讨论的课堂师生互动专指课堂教学中教师与学习者之间的交互作用。课堂教学过程中师生之间的互动关系构成了课堂教学的主要过程，同时，它也是影响教学效果的重要因素。

---

① 孙亚玲. 课堂教学有效性标准研究［M］. 北京：教育科学出版社，2005.

英国学者阿什利（B. J. Ashley）等人根据社会学家帕森斯（T. Parsons）的社会体系的观点，把师生课堂行为分为教师中心式、学生中心式和知识中心式三种。利比特和怀特（R. Lippitt & R. K. White）等人将课堂师生互动分为教师命令式、师生协商式和师生互不涉式三种类型。我国学者张大均将课堂师生互动分为合作型师生互动、对抗型师生互动、合作—对抗型师生互动三种。吴康宁等人按教师行为对象划分的三种师生互动类型如下：

（1）师个互动，即教师与学习者个体的互动。它直接表现为：师生之间的问答（更多的是教师问，学生答）；教师提要求，学生回应；学生做出反应，教师进行评价等。

（2）师组互动，即教师与学习者小组之间的互动。它是教师针对学习者小组而进行的参与、指导与评价等。它直接表现为：教师询问学习者小组的进展情况；参与学习者小组活动；指导并评价学习者小组的表现等。

（3）师班互动，即教师与全班学习者群体的交互作用。它通常表现为教师面向全体的班级教学，如集体授课、统一要求、集中评价等。

杨九民、黄磊、李文昊（2010）[①] 按照学生参与互动的程度划分为表层参与、中层参与与深层参与，引申至师生互动类型中，划分为 5 种（见表 3 – 1）。

表 3 – 1 师生互动类型及其定义

交互类型	定义	学生发言举例
社交型	与课程内容不直接相关的社会礼节性质的讨论	某某报道　谢谢　我来了 好的　打出笑脸符号
过程型	与课程相关的程序、说明与考评等	精品课程网址是什么？ 按 F2 发言
说明型	涉及示范知识或举例说明实例情况，不做过多分析	课堂中教师起引导作用，这样小组之间会有竞争
解释型	对知识能给出比较有深度的解析，且能给出关于知识内容的进一步解释说明	由于学过的学生可能有错误的思想，需要纠正而改变他们的想法，平均下来，应交一样多的学费

① 杨九民，黄磊，李文昊. 对话型同步网络课堂中学生参与度研究 ［J］. 中国电化教育，2010（11）：47 – 51.

续表

交互类型	定义	学生发言举例
认知型	基于批判性思考发表言论，通过发言讨论能促进学生认知、情感的发展	老师，信息素养是新时代教师所不可缺少的必备素质，就如我们许多课程都进行了线上线下教学一样

资料来源：杨九民，黄磊，李文昊. 对话型同步网络课堂中学生参与度研究 [J]. 中国电化教育，2010 (11)，第 49 页. 某些话语经过笔者的修正处理。

（二）师生互动行为对教学作用综述

汉德森等（Henderson，Fisher & Fraser，2000）[1] 的研究表明，师生交往关系对教师和学生都有重要影响，良好的师生交往关系使教师对自己的工作更加满意，防止职业倦怠。类似的，布洛克等（Den Brok，Brekelmans & Wubbels，2004）[2] 研究发现，良好的师生交往关系可以增强学生的学习动机，提高学生的学业成绩。因此，正如布莱科尔曼斯等（Brekelmans，Sleegers & Fraser，2000）[3] 所总结的：良好的师生交往关系是学生积极参与到学习活动中的前提条件。

程宏宇（2014）[4] 采用修订后的 Grigorenko 和 Sternberg 编制的教学行为评价量表（TSTI，Grigorenko & Sternberg，1993），分别对教师的立法型（鼓励学生创造性地解决问题）、执行型、评判型（在教学中进行分析与评价）、整体型、局部型、自由型（超越现有教学规则与程序）和保守型 7 种教学风格进行评价，对大学生课堂学习行为的测量主要通过"学生课堂活动参与、提出问题、显示理解、独立思考、对师生关系的独立性"等 5 个维度进行测量。通过对 185 名中国大学生（来自于一所 985 高校、一所省重点大学）和

① Henderson D., Fisher D. L., Fraser B. J. Interpersonal behavior, laboratory learning environments, and student outcomes in senior biology classes [J]. Journal of Research in Science Teaching, 2000, 37: 26 – 43.

② Den Brok P., Brekelmans M., Wubbels T. Interpersonal teacher behavior and student outcomes [J]. School Effectiveness and School Improvement, 2004, 15: 407 – 442.

③ Brekelmans M., Sleegers P., Fraser B. J. Teaching for active learning [J]. In: Simons P R J, Van Der Linden J. L., & Duffy T., Eds. New Learning. Dordrecht: Kluwer. 2000, 227 – 242.

④ 程宏宇. 中美高校教师教学风格差异与大学生课堂学习行为的关系研究 [J]. 应用心理学，2014 (3): 234 – 242.

120 名美国大学生（来自于一所常春藤学校、一所州立大学）施测，要求他们对教师的教学行为和自己在课堂上的学习行为进行评价。数据分析结果表明：学生所感知的中美教师在执行型、保守型和整体型风格上存在显著差异；中美大学生在课堂学习行为的课堂活动参与、提出问题、对师生关系的独立性等维度上存在显著差异；学生所感知的教师教学风格的各维度均与学生的课堂行为表现显著相关；教师教学风格中的保守型和整体型能够部分地解释中美学生之间存在的课堂学习行为差异。

表 3 - 2　中美师生行为比较表

比较对象	均值与标准差				
高校教师	变量	中国教师		美国教师	
		均值	标准差	均值	标准差
	立法型	4.63	0.74	4.75	0.72
	执行型	3.78	0.95	2.89	0.79
	评判型	4.61	0.85	4.76	0.94
	自由型	4.85	0.83	5.00	0.86
	保守型	3.95	0.92	3.12	0.76
	整体型	4.13	0.74	3.82	0.82
	局部型	4.58	0.84	4.61	0.88
大学生	变量	中国学生 ($n = 185$)		美国学生 ($n = 120$)	
		均值	标准差	均值	标准差
	课堂活动参与	3.25	0.84	3.96	0.87
	提出问题	3.14	0.72	4.05	0.84
	显示理解	3.61	0.79	3.74	0.90
	独立思考	3.79	0.64	3.82	0.76
	师生关系	3.09	0.79	4.12	0.86

资料来源：程宏宇. 中美高校教师教学风格差异与大学生课堂学习行为的关系研究［J］. 应用心理学，2014（3），237 - 238.

二、教师特质影响教学效果的综述

史密斯和兰德（Smith & Land，1981）[1] 的研究表明，相比陈述模糊不清、漫无目的的教师来说，陈述清晰的教师的学生能学到更多。卡尔里森（Kallison，1986）[2] 认为优秀的教师必须：按一定的顺序呈现信息；用清晰简洁的语言；要采用生动的形象的例子；善于以不同的方式陈述重要的原理；将课程与学生的背景知识相联系；在课程的相关部分简单地提示学生先前学过的内容。

从教师的角度出发，越来越多的人发现，仅仅掌握零碎的教学技能是难以从整体上把握教学的有效性的，必须将具体的方法、技巧上升为策略。多伊尔（Doyle，1985）[3] 研究表明，成功的教师善于运用一系列的教学策略，而不是仅仅使用一种固定的教学方法。

谢明（2005）[4] 认为影响高校教学质量的首要因素是教师素质和水平，而教师素质和水平完整地渗透于所有的教学活动中。调研表明，进一步提高教学质量的重要环节就在于改进传统教学模式。高校教师在改进传统教学模式中的有效行为有：引进开放型教学模式，倡导教学中的各种对象、各种方式的交流行为；选择运用多种教学形式；对学生的学习行为建立及时的具体的反馈评价机制。

滕明兰（2009）[5] 认为大学教师创造性人格魅力缺乏是影响大学生课堂沉默的条件性因素；大学教师在教学过程中对学生"生命全域"关注不足是影响大学生课堂沉默的观念性因素；大学教师疏于教学艺术研究是影响大学生课堂沉默的技术性因素；大学师生关系疏离是影响大学生课堂沉默的人际

①　Smith L. & Land M. Low - inference verbal behaviors related to teacher clarity［J］. Journal of Classroom Interaction，1981（17）.

②　Kallison J. M. Effects of lesson organization on achievement［J］. American Educational Research Journal，1986（2）.

③　Doyle W. Recent research on classroom management：implications for teacher preparation［J］. Journal of Teacher Education，1985，36（3）：31 - 35.

④　谢明. 高校教师的教学行为与教学质量［J］. 扬州大学学报（高教研究版），2005（2）：26 - 29.

⑤　滕明兰. 大学生课堂沉默的教师因素［J］. 黑龙江高教研究，2009（4）：146 - 148.

因素。作者还给出大学生课堂参与积极性的比较表，即"关注学生学习需求
＞关注理论讲授""关注学生生活的方方面面＞单独关注学生的学习""小组
讨论＞讲授＋问题引导＞讲授""师生关系融洽度＝f（任课教师知道学生姓
名人数）"。

季诚钧、何菊芳、卢双坡（2010）[①] 以中国某地方普通本科综合性高校
为研究对象，通过随堂听 24 节课，观测闭路电视 132 节课，发现三大问题：
一是讲授是高校教师课堂中的最主要行为；二是课堂提问较为常见，但请学
生个别回答较少；三是课堂讨论和课堂练习没有得到足够的重视（参见表 3 -
3）。最后提出 4 条提升课堂教学效果的建议措施。

表 3 - 3　教师提问行为频数分析汇总表

教师行为	时间分配情况	教师行为具体表现	具体的观测点与细化描述	人数	比重（％）
提问	伴随讲授	自问自答	能激起学生兴趣与思维	133	90.4
			不能激起学生兴趣与思维	14	9.6
		请学生回答	人次统计	176	
			学生学习积极性高	141	80.1
			学生学习积极性低	35	19.9
		请大家一起回答	学生踊跃回答	80	65.6
			学生反应冷淡	42	34.4

资料来源：季诚钧，何菊芳，卢双坡. 高校教师课堂教学行为分析［J］. 中国大学教学，2010
（5）：18.

第一条，改变传统的单纯讲授的习惯。应倡导师生之间的平等对话，使
教师不再只是知识的权威者和管理者，而成为对话的引导者、倾听者与合
作者。

第二条，提升课堂提问的实际功效。教师教学时要抓住教学的主要内容、
核心问题进行问题设计，以引发学生对问题的多角度深层次思考。教师不应
再是教学话语的垄断者和霸权者，他应关注教学中的每一位学生，真诚地倾
听他们的声音，并随时做出积极的反应。提问的另一功效在于可以促进师生

---

① 季诚钧，何菊芳，卢双坡. 高校教师课堂教学行为分析［J］. 中国大学教学，2010（5）：
17 - 20.

熟悉。

第三条，在课堂中积极引入讨论。一是"提示引导"式，即在教师的提示指导下逐步展开讨论，由易到难、由表及里，及时调控讨论进程并加以总结；二是"群体互补"式，即教师首先出示讨论内容，然后以学习小组为单位展开讨论，归纳小结后由组内代表在全班汇报讨论意见；三是"自由辩论式"，即让学生围绕讨论内容各抒己见，自由辩论。

第四条，加强课外指导。改变我国课程学分计量办法，即"3 课时的课堂学习 = 3 学分"。可以适当参照国外通行的课程学分计算办法，"1 课时的课堂学习 + 2 课时的课余学习 = 3 学分 = 3 课时的课堂学习"。对于教师而言，新的学分计算方法表明，指导学生课外作业与课堂授课同等重要，那么，在开课伊始，教师会主动将教案细化到不仅有课堂授课内容，而且还有课外明确的学习任务及对课外学习质量的控制与管理的评分办法。

三、学生特质影响教学效果的综述

王爱平和车宏生（2005）[1] 对 122 名本科生进行调查，结果发现：第一，学习焦虑、学习态度、投入动机与考试成绩之间有显著相关，其中学习焦虑与成绩呈负相关，学习态度、投入动机与成绩呈正相关；第二，学习成绩受到学习焦虑和投入动机的直接影响，以及学习态度等因素的间接影响。

王娟娟和李华（2010）[2] 通过参与由清华大学教育研究院带领组织的 NSSE（National Survey of Student Engagement）—China 即"中国大学生学习性投入调查"，发现大学生课堂学习行为是影响本科教学效果的重要因素之一。以 5 所"985"高校学生课堂学习行为为样本，以"课堂提问或参与讨论""课堂上做口头报告""课堂上和同学进行讨论与合作"为比较指标，与美国顶尖研究型大学生课堂学习行为相比较，存在显著差距与不足。其中差距最大的是"课堂提问或参与讨论"，差距最小的是"课堂上和同学进行讨论与合作"。

---

① 王爱平，车宏生. 学习焦虑、学习态度和投入动机与学业成绩关系的研究 ［J］. 心理发展与教育，2005（1）：55 - 59.

② 王娟娟，李华. 大学生课堂学习行为研究 ［J］. 高教论坛，2010（7）：22 - 25.

徐晓波（2013）[①] 在对 217 名本科生调查中，发现影响课堂教学效果的途径与方法中，"开展课堂小组活动""多媒体课件内容""学生自己课堂上的自由阅读""学生当'老师'教学法"4 种途径对学生的影响很大。

表 3 - 4　影响课堂教学效果的途径和方式（n,%）

影响途径与方式	影响最大	影响较大	影响一般	影响较小	没有影响
多媒体课件内容	59（27.2）	86（39.6）	57（26.3）	11（5.1）	4（1.8）
课堂影音资源	36（16.6）	88（40.6）	64（29.5）	15（6.9）	14（6.5）
教师个人教诲	54（24.9）	88（40.6）	55（25.3）	14（6.5）	6（2.8）
教师课堂表扬/批评	50（23.0）	69（31.8）	63（29.0）	22（10.1）	13（6.0）
同学自由发言	51（23.5）	83（38.2）	54（24.9）	16（7.4）	13（6.0）
同学课堂上的积极评价	42（19.4）	84（38.7）	77（35.5）	9（4.1）	5（2.3）
自己课堂上阅读	38（17.5）	106（48.8）	52（24.0）	15（6.9）	6（2.8）
自己主动发言	32（14.7）	88（40.6）	64（29.5）	21（9.7）	12（5.5）
自己课外自由阅读	43（19.8）	96（44.2）	56（25.8）	16（7.4）	6（2.8）
自己课外参与活动	34（15.7）	99（45.6）	59（27.2）	22（10.1）	3（1.4）
课堂提问	37（17.1）	72（33.2）	73（33.6）	18（8.3）	17（7.8）
学生当"老师"教学方式	46（21.2）	97（44.7）	52（24.0）	17（7.8）	5（2.3）
课堂小组活动	52（24.0）	97（44.7）	47（21.7）	10（4.6）	11（5.1）
布置课外作业	36（16.6）	92（42.4）	63（29.0）	18（8.3）	8（3.7）

　　资料来源：徐晓波 . 高校心理学课程教学效果的调查研究——以社会心理学课程为例［J］. 社会心理科学，2013（11）：54.

　　耿小娟（2014）[②] 在对 200 名本科生的调查中，发现学生性别、高中阶段文理科别、学习兴趣、先修课程掌握程度、教学内容、课件与板书的质量及其配合程度等对学生学习效果存在显著影响。在本书中特别强调传统板书对于理科味道较重的课程的重要性。

　　① 徐晓波 . 高校心理学课程教学效果的调查研究——以社会心理学课程为例［J］. 社会心理科学，2013（11）：51 - 56.
　　② 耿小娟 .《计量经济学》教学效果调查及其影响因素分析［J］. 陇东学院学报，2014（7）：135 - 137.

总之，通过对于影响课堂教学效果的国内外文献综述，笔者在编制中国高校本科课堂有效教学问卷时，将借鉴综述观点，围绕本科课堂教师教学行为和大学生课堂的学习行为为主线，不仅调查出当前中国高校本科课堂的教学现状，还将通过差异分析、相关分析或回归分析得出影响本科有效教学的关键的常规教学行为。除此外，还要调查出大学生期望的教学行为是哪几类，为高校教师提升课堂教学效果提供数据支持。

第四章

高校本科课堂教学效果影响因素调查与实证分析

高校本科课堂教学效果影响因素调查共发放问卷 3 500 份，回收 3 139 份，回收率为 89.7%。通过测谎题筛选以及对所回收问卷答案重合率的筛查，最终得到有效问卷 2 704 份，有效率为 86.14%。

由于从 2012 年始，中国高等教育教学模式发生巨大变化，高等教育界也不断地讨论是基于雇用能力的教学模式改革，还是基于通用能力的教学模式改革。看着大学生们与日俱增的就业难现象，参照着用人单位重能力而非学历的雇用策略，我们的高等教育从课程设置、教学模式到考试策略等均需要做重大调整，每位身处教育一线的教师们都在通过课程教学不断地探索和实践着。因此，毕业在三年之内的样本就成为已毕业样本的主力军。

一、调查样本代表性分析

表 4 - 1 告诉我们，填写问卷的主力军来自大学本科三年级学生，共有 1 809 份，这是因为大一更多的是公共基础课，专业课大多开设在大学三年级，更能体现专业性，也更凸显对本科有效教学带来的影响的各种因素变化效应，因此，调查样本群体主要集中在大学三年级。为了做教学模式的不同带来的教学效果不同的对比分析，也希望调查已毕业大学生对于曾经的学习过程的感受。

参与问卷调查的样本群体，在校生与已毕业学生的比例为 13∶1，而在校生中的大三年级与其他年级学生人数比为 5∶2，刚毕业参加工作占已毕业学生的 42%，而毕业在 1～5 年的占已毕业学生人数约为 47%，也就是说已毕业学生仅有 11% 是参加工作 5 年及以上，如果说由于 1999 年中国高校扩招，使得 2003 年首次出现大学生就业难现象，致使高等教育从业者重视高校本科教学质量和大学生就业质量，一线高校教师开始针对所授课程性质进行着本科课堂教学模式变革试验，特别是 2013 年 MOOC 平台的出现，推动着中国高校课堂中教与学的改变，而样本中 2013 年前毕业的学生仅占样本总量不到 2%，因此，说明此次针对中国高校本科教学现状的调查样本是有代表性的，所得结论值得借鉴。

此次调查样本中的男女性别比为 1∶1.2，普通高校与重点高校比为 1.3∶1，47% 的样本来自经管专业，28% 的样本来自理工专业，25% 的样本来自其他 9 个专业，近 60% 的样本选择大学专业主要是依据自己的兴趣和高考分数，而受家庭影响和为将来就业选择大学专业的样本约占30%，高中教师在大学专业志愿填写中的作用微乎其微。

表4-1 样本基本状况一览表 有效频率单位:%

本科就读状态	频数	有效频率	所在年级	频数	有效频率
已毕业	200	7.4	大一	133	5.3
在读	2 488	92.6	大二	348	13.8
性别	频数	有效频率	大三	1 809	71.8
男	1 230	45.7	大四	224	8.9
女	1 462	54.3	大五	5	0.2
本科毕业年限	频数	有效频率	学校级别	频数	有效频率
[0, 1)	81	42.0	重点本科	1 139	42.2
[1, 3)	62	32.1	普通一本	960	35.6
[3, 5)	28	14.5	普通二本	497	18.4
[5, 8)	12	6.2	普通三本	66	2.4
[8, 10)	4	2.1	不知道	36	1.3
[10, 20)	2	1.0	影响专业选择因素	频数	有效频率
20 年及以上	4	2.1	自己兴趣	886	33.4
专业类别	频数	有效频率	家庭	412	15.5
管理学	788	29.3	亲朋好友	169	6.4
经济学	467	17.4	就业形势	356	13.4
法学	173	6.4	教师	41	1.5
教育学	114	4.2	高考分数	652	24.6
医学	110	4.1	不知道	135	5.1
哲学	8	0.3	奖学金	频数	有效频率
文学	167	6.2	一等奖学金	389	14.4
历史学	11	0.4	二等奖学金	592	22
理学	203	7.5	三等奖学金	618	23
工学	561	20.8	没得过	1 092	40.6
农学	30	1.1			
艺术学	54	2.0			
军事学	5	0.2			

注：笔者在表格中没有将不回答者人数写入，因此使得频数加总结果并不总是2 704。

通过表4-1,我们知道样本专业群体主要来自管理学、经济学、工学、理学,而同时在被问及当初他们高考填写专业志愿主要影响因素,不再是过去主要受父母家庭的影响,而是"自己兴趣"的影响,越来越有"我的人生,我做主"的自信;其次影响因素为"高考分数",这是绕不过的永恒话题;排在第三位的是"家庭与就业形势"。这三类占样本群体的87%。

样本群体男女性别比为1:1.2,重点院校与非重点院校的样本比为1:1.3,而在大学期间,得过奖学金的样本群体与未得到奖学金的样本群体比为1.5:1。

二、教师特质与学生特质是影响
本科教学效果主要因素

(一) 影响本科教学效果因素排序分析

通过文献分析、问卷调查与笔者实践经验得到影响本科课堂教学效果的9个因素,表4-2展示的是它们对课堂教学效果的影响程度的排序,我们发现影响最大的是"教师类型",其次是"学习态度、学习动机、教学管理方式",再次为"师生互动、学生类型"。

表4-2　影响本科教学效果因素排序表

	第一影响	第二影响	第三影响	加权平均数	排序
1 教师类型	29.0	15.8	15.1	2.075	1
2 师生互动	7.6	12.9	10.9	0.876	5
3 学生类型	7.5	9.8	9.4	0.763	6
4 教学管理方式	11.6	19.5	18.0	1.345	4
5 课外学习时间	4.4	6.5	12.8	0.543	7
6 生生互动	0.9	2.0	4.3	0.148	8
7 学习态度	19.3	18.6	15.4	1.677	2
8 学习动机	19.1	13.5	11.1	1.471	3
9 学习焦虑	0.6	1.3	2.8	0.097	9

（二）教师与学生特质分析

从教师角度来看，表4-3告诉我们，"幽默型"的高校教师深受大学生们喜爱，其次是"学者型"，而最令大学生们厌恶的教师类型是"明星型"，这说明大学生们欢迎那种获得思维能力锻炼与提升的课堂，同时，也欢迎那些在课堂教学中能潜移默化地提升学生们的专业知识与技能的高校教师，而对于夸夸其谈、外表光鲜亮丽，但未能将关注力集中到教学的"明星型"教师并不欢迎。另外，大学生们毕竟已经属于成年人，有自我独立意识，并不需要那种"保姆型"教师，所以"体贴、耐心"在此，并不太受到大学生们的认可。

表4-3　主要教学影响因素频数描述表　　有效频率单位:%

第一：教师类型	频数	有效频率	第二：学习态度	频数	有效频率
A 学者型	788	29.5	A 盲目学习型	127	4.8
B 幽默型	1 289	48.3	B 达标学习型	1 158	43.4
C 体贴型	238	8.9	C 积极学习型	1 239	46.4
D 明星型	106	4.0	D 消极学习型	122	4.6
E 耐心型	249	9.3	E 逆反学习型	22	0.8
第三：学习动机	频数	有效频率	第四：教学管理方式	频数	有效频率
A 个人发展动机	1 065	40.0	A 专制型	99	3.8
B 学习情境动机	510	19.1	B 指导型	1 217	45.7
C 被动性动机	360	13.5	C 支持型	528	19.8
D 兴趣动机	487	18.3	D 参与型	671	25.2
E 求知性动机	243	9.1	E 放任型	147	5.5

从学生角度来看，表4-3告诉我们，大学生们的"学习态度与学习动机"均极大地影响他们在课堂的学习效率，近半数的被调查大学生的学习态度为"积极学习型"和"达标学习型"，要么是极为主动式学习的"学霸"，要么是60分万岁"过关型"；四成大学生的学习动机是为追求"个人发展"，而我们期待的"求知欲"不足10%。

从教学管理视角来看，表4-3告诉我们，"指导型"教学管理模式深受大学生们喜欢，其次是"参与型"和"支持型"，至于传统的"专制型"和

"放任型"均被大学生们认为是对提升他们学习效果无效的方式。此点要求我们教学管理部门和一线教师，在课堂教学管理中多注意引导大学生们学会发现问题、解决问题的思路与方法，而不是强制性要求他们去记忆某些知识点或无视他们在课堂上的表现，大学生们需要适度的管理与要求。

表4-4显示，"专制型"教学管理方式常见于"学者型"教师的课堂教学中，"非专制型"教学管理方式常见于"幽默型"教师的课堂教学中；表4-3显示，"专制型"与"放任型"教学管理方式最不受大学生喜欢，因此，这两种教学管理方式已经渐被高校教师所淘汰，目前，高校教师近半数采用"指导型"教学管理方式，深受大学生们喜爱的"学者型"与"幽默型"的教师均以指导型教学管理方式为主，而"幽默型"的教师还以"参与型"与"支持型"教学管理方式为辅。这点从大学生视角令我们教学一线从业人员，看到改变我们教学模式宗旨，在于采用多种非专制型与非放任型的教学模式，对于大学生们做适度管理，特别是课堂效果提升还有赖于激发大学生们课堂参与热情，因此，针对"学者型"教师不要一味讲解自认为对大学生们有用的知识体系，还需要认真将课堂一部分时间让渡给学生们，让他们真正地参与到课程知识体系的建构，真正可以在课堂中学到专业的精髓。笔者认为，这点也恰是大学生们所说的某教师课程让人记忆深刻，而某教师尽管科研实力雄厚，但并不被大学生们所认可，曾以为这是一个"看脸"的时代，是否在大学课堂上，教师们也要拼所谓的"颜值"，但表4-4清晰地向我们传递这样一个理念，大学生们还是"理性"的，如果"学者型"教师改革他们单一的教学管理方式，增加与大学生们间的互动，会大幅提高这些教师的课堂授课效果，毕竟这是高校本科教学模式变革的宗旨。

表4-4　教学管理方式与教师类型的交叉表

教学管理方式		学者型	幽默型	体贴型	明星型	耐心型	合计
专制型	频数	54	27	8	4	5	98
	有效频率	55.1%	27.6%	8.2%	4.1%	5.1%	100.0%
指导型	频数	370	562	115	41	125	1 213
	有效频率	30.5%	46.3%	9.5%	3.4%	10.3%	100.0%
支持型	频数	134	254	63	30	47	528
	有效频率	25.4%	48.1%	11.9%	5.7%	8.9%	100.0%

续表

教学管理方式		学者型	幽默型	体贴型	明星型	耐心型	合计
参与型	频数	182	372	39	25	52	670
	有效频率	27.2%	55.5%	5.8%	3.7%	7.8%	100.0%
放任型	频数	42	66	12	6	20	146
	有效频率	28.8%	45.2%	8.2%	4.1%	13.7%	100.0%
合计	频数	782	1281	237	106	249	2 655
	有效频率	29.4%	48.3%	8.9%	4.0%	9.4%	100.0%

三、课堂互动关系是影响本科教学效果次要因素

表 4-5 显示, 社交型的师生互动和互助合作型的生生互动是可以大幅增加大学生们课堂学习效果的类型, 积极型的大学生和课外认真学习 2 小时之内的大学生是目前主流类型。

表 4-5 次要教学影响因素频数描述表 　　有效频率单位:%

第一:师生互动	频数	有效频率	第二:学生类型	频数	有效频率
A 社交型	913	34.2	A 高效型	781	29.4
B 过程型	556	20.8	B 积极型	1 334	50.2
C 说明型	369	13.8	C 平庸型	343	12.9
D 解释型	514	19.2	D 散漫型	180	6.8
E 认知型	320	12.0	E 厌学型	20	.8
第三:课外学习时间	频数	有效频率	第四:生生互动	频数	有效频率
A [0-1) 小时	561	21.0	A 互不关心型	82	3.1
B [1-2) 小时	1 069	40.1	B 被动合作型	307	11.6
C [2-4) 小时	778	29.2	C 互助合作型	1 787	67.6
D [4-6) 小时	200	7.5	D 竞争合作型	425	16.1
E 6 小时以上	58	2.2	E 竞争对抗型	42	1.6

表 4-6 显示, 由于"逆反型"学习态度的大学生样本量没能超过30, 因

此，对此类型不做评价。"平庸型"的大学生更多的只求"学习达标"，此部分大学生占平庸型大学生群体64%；"消极散漫"在此有了更好的解释，表4-6告诉我们，有三成消极学习态度的大学生是属于"散漫型"，因此，要想提升此部分大学生的课堂学习效果，可以从学习态度上入手，克服此部分学生的消极思想；"积极型与高效型"大学生的学习态度更为"主动积极"，这两个类型的大学生占"积极型"学习态度群体的95%，占样本总量43%。

表4-6　学习态度与学生类型的交叉表

学习态度		高效型	积极型	平庸型	散漫型	厌学型	合计
盲目型	频数	18	58	30	16	2	124
	有效频率	14.5%	46.8%	24.2%	12.9%	1.6%	100.0%
达标型	频数	304	513	220	105	6	1 148
	有效频率	26.5%	44.7%	19.2%	9.1%	.5%	100.0%
积极型	频数	429	713	66	17	7	1 232
	有效频率	34.8%	57.9%	5.4%	1.4%	.6%	100.0%
消极型	频数	21	33	24	38	5	121
	有效频率	17.4%	27.3%	19.8%	31.4%	4.1%	100.0%
逆反型	频数	6	8	3	4	0	21
	有效频率	28.6%	38.1%	14.3%	19.0%	.0%	100.0%
合计	频数	778	1 325	343	180	20	2 646
	有效频率	29.4%	50.1%	13.0%	6.8%	.8%	100.0%

四、影响本科教学效果的其他因素特点分析

（一）大学生们具有适度焦虑的特点

现在很多人都谈心理压力，其实压力这个概念是从物理学衍生而来的，比如潜水时水会给人压力，扛东西时也会感受到肩上有压力。而心理压力比物理压力更复杂，它是无形的，会让人不幸福，甚至抑郁。心理压力更多的是跟人的性格和主观感受有关，与人们对一件事情的认知、理解、应对方式

有关。也就是说，不同的人对压力的反应不一样，心理学就此衍生出压力易感性和焦虑易感性两个概念（参见图4-1）。

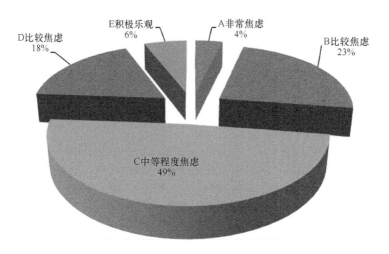

图4-1 大学生在校期间的学习焦虑易感性图

从这个角度看，我们一般把人分为两种。第一种人比较乐观、外向，心理韧性比较强，对任何事都举重若轻，不管遇上多大的事都能睡得着，可以说是"不以物喜，不以已悲"，抗压力特别强。第二种人抗压能力相对较差，睡眠不太好，有一点小事就会"自我卷入"，也就是把自己的利益、名誉看得特别重，被称为高焦虑型的人。打个比方，假如明天是三八妇女节，单位要评选"三八红旗手"，高焦虑型的人晚上就可能睡不着了。

很多人觉得，焦虑是耻辱的、不健康的，甚至是一种疾病。所以，有人用一辈子来同自己的焦虑做斗争。但从心理学角度看，焦虑和乐观都是心理应对策略，而不是缺陷。乐观也是一种应对策略。比如：明天要考试了，有人特别相信自己，觉得自己肯定行，吃饭睡觉都不耽误；有人却容易往坏处想，吃不香睡不着，深感焦虑。

研究发现，焦虑的人也有积极的力量，在某些方面做得更好。焦虑有3个好处：第一，焦虑的人事先把事情想得特别坏，万一发展得不那么好，他不会太愤怒。而乐观的人把一切想得太完美，一旦出岔子就会很生气，结果可能导致高血压、心脏病等。第二，焦虑的人往往未雨绸缪，比如明天要考试、答辩、面试、见客户等，他会觉得没把握，头天晚上就会格外用功，查漏补缺。正因为他们比乐观者投入得更多，对错误的估计更足，因此更不容易出现意外。第三，焦虑的人能远离意外。比如开车，这些人会格外小心，看到远处有人就会早早踩刹车，更不会酒后驾车。由于做决策时偏向保守，他们不容易被骗。

　　所以说，人要生存、发展，离不开适度、中等程度的焦虑。焦虑不可怕，我们要学会接纳焦虑，带着焦虑去做事情，与自己的焦虑"和平共处"，而不是把大量精力放在消除焦虑上。

（二）课程作业特点分析

　　1. 常见的课程作业类型

　　图4-2展示给我们的是，现今大学生们常见五大作业类型，分布比例基本介于15%～25%，其中教师最常布置的作业是"课后习题"，显然教材在布置作业上起到至关重要的作用；排在第二位次的作业是"调研与讲授型"，这类作业训练大学生们外在实践表现力及收集资料、分析资料并能有效演讲的能力；第三位次的作业是"论文型与课堂练习型"，特别是"课堂练习"最少，这是由于经过几年课程授课时间精减的改革，课堂上教师们主要传授相关理论，而对于知识点的训练更多放到课外。

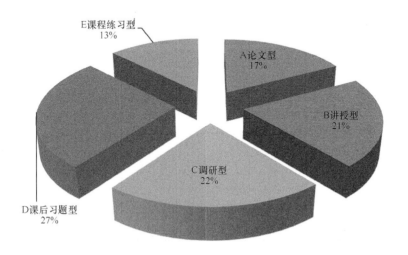

图4-2　大学生喜欢的作业类型图

2. 专业影响作业布置类型

这是因为不同专业对于大学生们的培养目的有差异，因此，五种类型的作业在不同专业类型中分配比例应该有所侧重，比如更为强调写作训练的专业更多地布置"论文型"作业，而强调实践能力培养的专业则更多布置"调研型"作业。笔者希望通过交叉分析以了解不同专业对于作业布置类型有何不同，为不同专业授课教师提供一份有关作业布置方面的一手数据资料，为今后提升其作业布置效果作准备。

通过表4-7我们看到，以选择频数超过30人为基准，我们删除农学、哲学、历史学、军事学4个专业类别，在剩余9类专业中，"论文型"作业主要出现在文学专业，"讲授型"作业主要出现在经济学与教育学专业，"调研型"作业主要出现在管理学与艺术学专业，"课后习题型"主要出现在法学、医学、理学与工学中，而"课堂练习型"作业并不被教师所看重。

表4-7　专业类别 与作业类型交叉表

专业类别		论文型	讲授型	调研型	课后习题型	课堂练习型	合计
管理学	频数	125	171	187	178	115	776
	有效频率	16.1%	22.0%	24.1%	22.9%	14.8%	100.0%
经济学	频数	88	115	102	101	53	459
	有效频率	19.2%	25.1%	22.2%	22.0%	11.5%	100.0%
法学	频数	39	36	34	46	18	173
	有效频率	22.5%	20.8%	19.7%	26.6%	10.4%	100.0%
教育学	频数	21	32	18	26	16	113
	有效频率	18.6%	28.3%	15.9%	23.0%	14.2%	100.0%
医学	频数	23	14	26	36	10	109
	有效频率	21.1%	12.8%	23.9%	33.0%	9.2%	100.0%
哲学	频数	4	1	2	1	0	8
	有效频率	50.0%	12.5%	25.0%	12.5%	0%	100.0%
文学	频数	42	35	29	38	22	166
	有效频率	25.3%	21.1%	17.5%	22.9%	13.3%	100.0%
历史学	频数	5	2	3	0	1	11
	有效频率	45.5%	18.2%	27.3%	0%	9.1%	100.0%

续表

专业类别		论文型	讲授型	调研型	课后习题型	课堂练习型	合计
理学	频数	34	33	37	72	22	198
	有效频率	17.2%	16.7%	18.7%	36.4%	11.1%	100.0%
工学	频数	64	106	110	203	58	541
	有效频率	11.8%	19.6%	20.3%	37.5%	10.7%	100.0%
农学	频数	7	11	4	5	3	30
	有效频率	23.3%	36.7%	13.3%	16.7%	10.0%	100.0%
艺术学	频数	9	9	16	7	12	53
	有效频率	17.0%	17.0%	30.2%	13.2%	22.6%	100.0%
军事学	频数	0	1	1	1	2	5
	有效频率	0%	20.0%	20.0%	20.0%	40.0%	100.0%
合计	频数	461	566	569	714	332	2 642
	有效频率	17.4%	21.4%	21.5%	27.0%	12.6%	100.0%

（三）课业成绩计分分析

作为高校教学一线教师的一员，我们对于学生的专业测评成绩，是由平时各种作业成绩与期末试卷成绩按照一定的权重设计比例，得出的加权平均值。

1. 学生类型对于课业成绩的影响

表 4 - 8 清晰地告诉我们，50.4%大学生们学业成绩位于 80 ~ 90 的良好区间范围内，当前大学生们的成绩普遍在 70 到 90 分之间，侧重文科的专业成绩更高一些，因为这些专业的平时作业更多是通过训练大学生实际调研能力与论文写作能力而得，相应平时成绩权重占比会更高一些，这样利于获得更高的总评成绩，所以经济管理类专业成绩过半数在 80 分以上。而偏重于理科的专业，平时作业更多依赖于课堂中的练习和课后的习题，这些训练更多地要求大学生们熟悉并掌握理论规则，当然总评成绩也更多地集中于 70 ~ 80 分，而且补考更多地出现在理工类专业中。

表4-8　学生类型与平均学业成绩交叉表

学生类型		[90, 100]	[80, 90)	[70, 80)	[60, 70)	60分以下	合计
高效型	频数	86	435	206	40	0	767
	有效频率	11.2%	56.7%	26.9%	5.2%	0%	100.0%
积极型	频数	106	702	429	83	2	1322
	有效频率	8.0%	53.1%	32.4%	6.3%	0.2%	100.0%
平庸型	频数	13	127	156	42	4	342
	有效频率	3.8%	37.1%	45.6%	12.3%	1.2%	100.0%
散漫型	频数	4	54	79	38	4	179
	有效频率	2.2%	30.2%	44.1%	21.2%	2.2%	100.0%
厌学型	频数	2	5	7	5	1	20
	有效频率	10.0%	25.0%	35.0%	25.0%	5.0%	100.0%
合计	频数	211	1 323	877	208	11	2 630
	有效频率	8.0%	50.3%	33.3%	7.9%	0.4%	100.0%

2. 教师类型对于课业成绩的影响

表4-9显示，九成高校教师给大学生们的学科成绩均在70分以上，其中八成的大学生们成绩介于70～90分。假设大学生学习效果，即他们的平均学业成绩代表高校教师的课堂教学效果的话，并以5、4、3、2、1分别代表成绩为优秀、良好、中等、及格、不及格，加权平均的结果显示，无论何种类型的教师都可以使大学生们的学习效果达到近乎良好的程度，具体细分如下：大学生学习效果好的教师为"学者型"与"明星型"，学习效果居中的教师为"幽默型"，而学习效果差的教师为"体贴型"与"耐心型"，这个结论与现实中的学评教成绩相吻合。

表4-9　教师授课效果比较排序表

教师类型	排序	[90, 100]	[80, 90)	[70, 80)	[60, 70)	60分以下	加权平均数
学者型	1	9.9%	53.4%	29.4%	7.1%	0.1%	3.656
幽默型	3	7.2%	50.2%	34.8%	7.6%	0.2%	3.566
体贴型	4	6.4%	48.3%	31.4%	11.9%	2.1%	3.453
明星型	2	13.2%	49.1%	29.2%	6.6%	1.9%	3.651
耐心型	5	5.7%	43.7%	40.8%	9.4%	0.4%	3.449

尽管高校教师对于评职称时，学校重科研而轻教学现象不满，但是通过表4-9，我们发现学者型的教师能够使得大学生们对于专业的理解更为透彻，而且学者型的教师还可以在教学过程中将学科前沿潜移默化地传授给大学生们，正所谓"强将手下无弱兵""名师出高徒"。

第五章

大学生课堂学习行为与高校
教师教学行为的调查与分析

课堂教学是大学教学的主渠道，是大学生学习的主要场所，是增强师生互动的主要纽带。大学生的课堂学习行为是大学课堂教学的重要组成部分，是影响大学课堂教学质量的关键因素，也是关系着大学生自身全面发展的重要因素。但是大学生课堂学习行为的重要性尚未引起各高校以及广大师生的足够关注与重视。本章通过对大学生课堂学习行为的调查，以期得到激发积极的课堂学习行为（即激发大学生自主、合作、积极探究的学习精神）的教学手段与措施。

一、大学生课堂学习行为分析

（一）"听答案"是常态行为

在课堂学习中，依然有超过八成的大学生采用"课上埋头记笔记、墨守成规"的学习方法，对于回答教师所提问题，常常以"不愿抛头露面""低调做学问"为借口，以此躲避自身创造力欠缺和平时努力不足带来的知识缺陷等弱点，进而逐渐成为游离在师生互动教学之外群体中的一员。

表5-1给出我们本科课堂中，大学生在听课过程和与教师互动时的状态表现，"倾听他人回答""询问其他同学""做笔记"均是超过80%的样本群体的必然选择，作为一线高校教师的一员，笔者在授课过程中，也期待着所提问题，得到来自同学们的热烈讨论，但事实总令我沮丧，大学生们在回答问题时的被动、缺乏想象力及专业知识的匮乏，致使笔者不得不帮助他们复习曾经在上学期学过的知识内容，另外要求教师在备课过程中，尽可能准备较为适合当前学生层次的问题，有着知识点的恰如其分的提问，会增加大学生课堂参与度。

（二）"标答"是习惯使然

"点头或摇头""齐声回答""听讲但沉默""点头后回答"这些排列在第二梯队的大学生课堂互动状态，是超过60%的样本群体做出的选择，也就是说在当前大学本科课堂中，大学生们并不是拒绝课堂，他们的课堂行为与习惯某种程度是小学、中学课堂教学的习惯使然，在高考标准化答案的指挥棒下，他们习惯于听到一个标准回答，习惯于在教材中划重点，习惯于能够在一堂课中听到有效知识点（最好是期末考试中的重点知识点）。

表5－1　本科课堂学习参与模式表　　有效频率单位:%

课堂参与模式	频数	有效频率	课堂参与模式	频数	有效频率
1 课堂提问	1 446	54.1	7 询问其他同学	2 309	86.2
2 课堂质疑	1 165	43.6	8 做笔记	2 201	81.9
3 课后提问	1 520	56.7	9 听讲但沉默	1 678	62.8
4 主动回答	1 176	44.1	10 倾听他人回答	2 332	87.3
5 齐声回答	1 682	63	11 点头或摇头	1 954	73.3
6 点头后回答	1 628	61.2	12 讨论或查询资料或玩手机	18	0.7

注：表5－1中的第12项，原问卷用其他来描述，仅有18份问卷给出其他项目内容，这是被调查样本在对待开放式问题时，不愿多写或不知道写什么等原因所致，正如有样本填写玩手机游戏，如果将此作为一个固定选项的话，笔者相信不只18位同学在课堂中这样做过，这应是笔者的这份调查问卷在预调查中未能查询到的一个缺陷，因此，笔者仅将已经填写的内容呈现至表格中，但其有效频率不作参照。

这些特点要求我们教师，在备课过程中，适当增加打破沉默学习环境的游戏活动，让我们的大学生能够在愉快的游戏中获得思维的拓展，增强其回答问题的积极性与自信心，从而使其课堂学习效果大幅提升。

（三）"课堂质疑"是打破课堂沉默现象的一把利剑

"课堂与课后提问"的大学生占样本群体的50%多，而"课堂质疑""主动回答"的大学生仅占样本群体的40%多，这些行为从反向印证"主动学习型"的大学生未能占样本群体的主流，我们的大学生在校期间的学习还需要高校教师的有效引导与监管，从这个角度来讲，对大学生课程成绩的判定增加一项"课程内容或知识点的质疑"，可能会起到令大学生们多读书、读好书的效果，从而提升大学生课堂学习效果。

另外，任课教师应尊重学生的自主创新意愿，对学生所提问题或观点应给予客观、公平的评价，这样有利于培养大学生敢于思考、敢于质疑、敢于挑战权威、敢于提问的好习惯，树立学生们学习的自信心，积极主动地探索知识，形成自己独立的个性。特别是对于性格内向的学生，教师就应该给予更多关注与鼓励，激起他们课堂多发言讨论的积极性。

二、大学生课外学习的行为分析

（一）学习与娱乐同等重要

在处处有 Wi-Fi 的网络时代，高校教师非常担心大学生们沉湎于网络游戏与小说中不能自拔，但事实上，通过调查，我们发现现今大学生们的课余生活呈多样化态势，他们不再将课余生活仅仅用于专业课程的学习中，表 5-2 中数据结果表明，四成半大学生会将其课余时间主要用于娱乐、专业学习与身体锻炼中，其次有三成三的学生将课余时间用于未来升学或实习中，还有近三成学生将课余时间用于读小说、打游戏和参加社团活动。

表 5-2　课外时间活动排序与重要程度评级表

有效频率单位:%

大学生们课余时间的活动类型	频数	有效频率	排序	重要性（三级）
A 阅读电子小说	826	30.9	7	★
B 打游戏	780	29.1	8	★
C 专业课程理解与复习	1 226	45.7	2	★★★
D 非专业课程的自学与拓展	856	32	6	★★
E 锻炼身体，强身健体	1 140	42.5	3	★★★ -
F 未来升学（备考）做准备	966	36	4	★★ +
G 未来职业做准备（实习或创业练习）	878	32.8	5	★★
H 休闲娱乐或旅游	1 306	48.7	1	★★★ +
I 参加社团活动	708	26.5	9	★ -

表 5-2 结果还显示，高校社团活动吸引力亟须提高，如果说信息时代之前的大学生们业余生活主要来自于周末的舞会狂欢，那么信息时代的大学生们的业余生活可谓丰富多彩。来自父母倾力资助，他们可以"行万里路"；由于就业压力持续显现，他们可以通过升学、创业及拓展非专业知识面得以提

升其未来雇用能力。

（二）知识素质的养成分析——课外学习时间分配

我们一直教育学生的一句话就是，学生的主业就是"学习"，不单要学本专业所需要的知识，更应多读书，多学些非本专业的其他课程知识，要努力成为复合型人才。因此，笔者非常关心大学生们课余时间，到底有多少是用于知识累积中的。

假设大学生们会在下午 6 点开始课外学习，那么晚上 10 点回到宿舍休息的同学，已经经过 4 小时的学习时长了，90% 的同学属于这一正常范围。如果课外还要学习 6 小时，则要学习到凌晨。毕竟仅有占样本总量 2% 的同学学习时间会超过 6 小时，属于少数群体。因此，笔者主要探究学习时长在 4 小时以内大学生的态度。

1. 六成大学生努力学习各种理论新知识

将专业课学习与非专业课学习使用交叉列联命令，结果得到：近四成大学生拒绝课外的理论课程学习，但也有 17.1% 的同学在努力学习中，不仅针对本专业课程努力加深理解，而且还努力涉猎非本专业的其他课程知识。只学单一学科的有 43.3%，其中 28.5% 的大学生只学本专业理论，也有 14.8% 只学非本专业课程。

经过对表 5 - 3 数据做进一步统计，结果是：课外学习 1 小时以内，只有 5% 的同学才会涉及专业课程的理解与复习，会有 6% 的同学做非专业课程的自学与拓展；而课外学习时长在 1 ~ 4 小时的同学，有 17% 的同学会做专业课程理解与复习，有 11% 同学会做非专业拓展学习。

表 5 - 3 还显示，课外学习 2 小时以内的同学，有 30% 同学会对自己进行非专业课程的自学与拓展，而学习在 2 ~ 4 小时的同学，这一比例将会扩大到 40%。

课外只学 1 小时以内的同学，有近 57.6% 拒绝学习理论课程知识，有 18.4% 只学非专业课程，还有 9.3% 专业与非专业课程一起学。笔者在此有疑惑，短时间内什么都学的同学，时间又是如何分配的，是否是囫囵吞枣？而当课外学习时间再增加 2 ~ 3 小时后，专业与非专业课程都学的同学比例增至 23.5%。

表 5-3 每天课外学习时间、专业课学习与非专业课学习交叉表

平均每天的课外学习时间	专业课程的理解与复习		非专业课程的自学与拓展		合计
			没有	有	
1 小时以内	没有	频数	316	101	417
		行有效频率	75.8%	24.2%	100.0%
		列有效频率	79.6%	66.4%	76.0%
		占样本总量的	57.6%	18.4%	76.0%
	有	频数	81	51	132
		行有效频率	61.4%	38.6%	100.0%
		列有效频率	20.4%	33.6%	24.0%
		占样本总量的	14.8%	9.3%	24.0%
	合计	频数	397	152	549
		行有效频率	72.3%	27.7%	100.0%
		列有效频率	100.0%	100.0%	100.0%
		占样本总量的	72.3%	27.7%	100.0%
1~2 小时	没有	频数	457	156	613
		行有效频率	74.6%	25.4%	100.0%
		列有效频率	60.7%	51.5%	58.0%
		占样本总量的	43.3%	14.8%	58.0%
	有	频数	296	147	443
		行有效频率	66.8%	33.2%	100.0%
		列有效频率	39.3%	48.5%	42.0%
		占样本总量的	28.0%	13.9%	42.0%
	合计	频数	753	303	1 056
		行有效频率	71.3%	28.7%	100.0%
		列有效频率	100.0%	100.0%	100.0%
		占样本总量的	71.3%	28.7%	100.0%

续表

平均每天的 课外学习时间	专业课程的理解与复习		非专业课程的自学与拓展		合计
			没有	有	
2～4 小时	没有	频数	213	102	315
		行有效频率	67.6%	32.4%	100.0%
		列有效频率	43.6%	36.0%	40.9%
		占样本总量的	27.6%	13.2%	40.9%
	有	频数	275	181	456
		行有效频率	60.3%	39.7%	100.0%
		列有效频率	56.4%	64.0%	59.1%
		占样本总量的	35.7%	23.5%	59.1%
	合计	频数	488	283	771
		行有效频率	63.3%	36.7%	100.0%
		列有效频率	100.0%	100.0%	100.0%
		占样本总量的	63.3%	36.7%	100.0%
4～6 小时	没有	频数	38	22	60
		行有效频率	63.3%	36.7%	100.0%
		列有效频率	31.9%	27.5%	30.2%
		占样本总量的	19.1%	11.1%	30.2%
	有	频数	80	58	138
		行有效频率	58.0%	42.0%	100.0%
		列有效频率	67.2%	72.5%	69.3%
		占样本总量的	40.2%	29.1%	69.3%
	合计	频数	118	80	198
		行有效频率	59.8%	40.2%	100.0%
		列有效频率	100.0%	100.0%	100.0%
		占样本总量的	59.8%	40.2%	100.0%

续表

平均每天的 课外学习时间	专业课程的理解与复习		非专业课程的自学与拓展		合计
			没有	有	
6 小时及以上	没有	频数	14	10	24
		行有效频率	58.3%	41.7%	100.0%
		列有效频率	40.0%	43.5%	41.4%
		占样本总量的	24.1%	17.2%	41.4%
	有	频数	21	13	34
		行有效频率	61.8%	38.2%	100.0%
		列有效频率	60.0%	56.5%	58.6%
		占样本总量的	36.2%	22.4%	58.6%
	合计	频数	35	23	58
		行有效频率	60.3%	39.7%	100.0%
		列有效频率	100.0%	100.0%	100.0%
		占样本总量的	60.3%	39.7%	100.0%

2. 备考生的学习态度

备考族应是高校中的一道风景线，无论筹备出国考试，还是准备未来研究生入学考试或者各种职业资格测试，在校园中，总有那么一些从你身旁心无旁骛、匆匆而过到图书馆积极学习的身影，这些大学生平均每天的学习时间应是所有大学生中最长的，他们也是最努力的。

图 5 - 1 显示，有 40% 大学生学习时长超过 2 小时，其中，9% 的大学生学习时长超过 4 小时，31% 的大学生在 2 ~ 4 小时；学习在 2 小时之内的大学生有 60%，其中，43% 的大学生学习时间在 1 ~ 2 小时。

（三）非知识素质的养成分析

1. 身体素质的养成：七成同学锻炼 1 ~ 4 小时

进入信息化社会，我们的生活更多进入到室内，而室外活动时间消耗越来越短，身体素质与知识素质同等重要的理念被当代大学生所接受，因此，

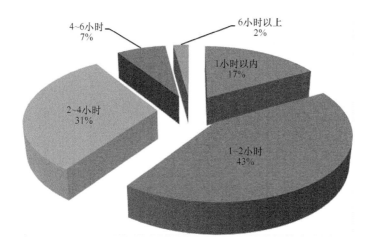

图 5 – 1　备考的大学生平均每天耗时图

晨练与晚跑的大学生越来越多，表现在大学生对于课外时间的分配上，70%
同学锻炼 1 ~ 4 小时（参见图 5 – 2）。

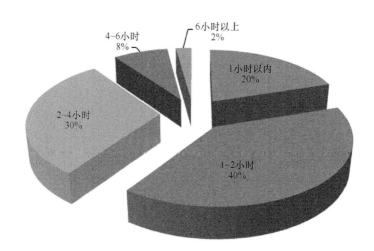

图 5 – 2　强身健体大学生平均每天耗时图

2. 社会素质的养成：七成同学实习时间在 1 ~ 4 小时

我们有些家庭生活困难的大学生需要勤工俭学，或者想要增加更多的社
会职场经验，因此，选择实习或者为了未来职场做准备，图 5 – 3 显示，七成
的大学生课外实习时间控制在 1 ~ 4 小时，而实习时间在 2 小时之内与 2 小时

之外的大学生比例为1∶1。

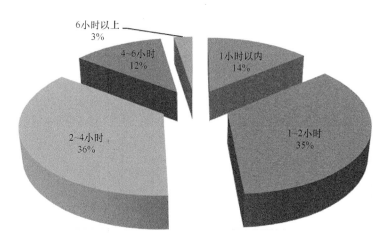

图5－3　实习的大学生平均每天耗时图

图5－3还告诉我们，15%的大学生每天实习时间超过4小时，其中，3%每天工作6小时以上，由于本次调查大学生群体更多是大学三年级下半学期，而在此阶段会有部分同学直接到校外用人单位进行岗位实习，属于离职场最近的一部分大学生。

图5－4显示，积极参加社团活动的大学生，用于社团组织的时间，有

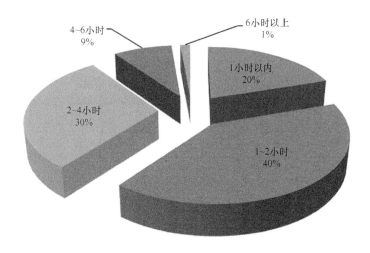

图5－4　参加社团的大学生平均每天时间消费图

60% 是在 2 小时以内，但仍有 10% 需要消耗 4 小时以上，这种消耗 4 小时以上的社团活动需要引起学校的重视，毕竟不能让我们大学生每天抛开主业课程，而将更多时间用于非主业的活动中。

（四）应适当干预大学生课外休闲时间分配

1. 三成半大学生每天娱乐 2 小时以上

课外生活可以适当放松娱乐，但要适度，图 5-5 告诉我们，66% 的大学生会适度休闲，将休闲时间控制在 2 小时之内；但依然有 7% 的同学每天会玩 4 小时以上，这部分同学的学习态度需要班主任进行一定干预。

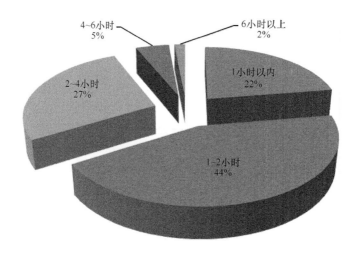

4~6小时
5%

6小时以上
2%

2~4小时
27%

1小时以内
22%

1~2小时
44%

图 5-5　休闲娱乐的大学生平均每天时间消费图

2. 三成同学打游戏和读电子小说的时间在 2 小时以上

21 世纪的大学生是伴随网游生活的一代，图 5-6 表明，71% 的大学生们会适当控制打游戏时间，基本控制在 2 小时之内，但有 7% 的大学生打电子游戏时间超过 4 小时，长时间盯着屏幕打游戏，不但会使学生注意力下降，而且会影响到大学生在校期间培养质量问题。

随着各种中文小说阅读网站的成立，各种类型的小说层出不穷，网络小说家的写作质量良莠不齐，但总会有吸引大学生的小说存在。同打游戏一样，电子小说的阅读现在也有成瘾的趋势，图 5-7 显示，有 8% 的大学生每天读电子小说在 4 小时以上，近四成为 1~2 小时。

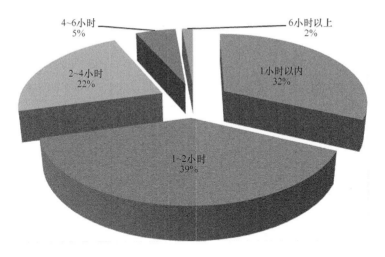

图 5 - 6　打游戏的大学生平均每天耗时图

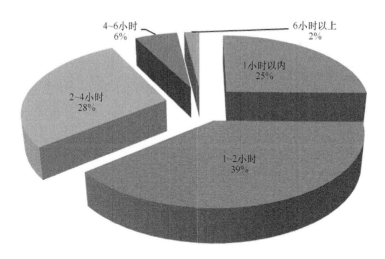

图 5 - 7　读电子小说的大学生平均每天耗时图

　　改善这种状况的途径之一就是任课教师布置好明确的大学生课外个人作业，而非那种可以搭便车的团队作业。我国高校大学生课外作业少或没作业也是造成大学生课外学习懒散的因素之一。

三、高校教师常规教学行为调查与分析

（一）教师常规教学行为的因子分析

本次调查要求样本大学生，按照其在大学课堂中的实际感受，描述中国高校当前课堂教学现状，由于第 6 题是"语言表达清晰明了，逻辑性强"不具有区分性，因此删除此题。通过探索性因子分析，发现剩余 23 道题的取样适当性量数为 0.956（>0.7），其中 Bartlett's Test Approx. Chi-Square 值为22730.829（df = 253）表明这些题项间有共同因素存在，适合做因素分析。笔者将第 6 题删除后，发现《高校本科课堂常规教学行为测量表》可解释程度从 52.297% 提升至 56.809%。

表 5-4 告诉我们，在不限定因素层面下，以主成分分析法，配合最大变异法和正交转轴后，当将公因子数从 4 个提升至 6 个时，我们发现公因子的可解释变异程度提升至 60.319%（参见表 5-4），此 6 大公因子分别是"学术训练""课件准备""分类教学""提问技巧""有效知识""板书教材"（参见表 5-5），它们分别能够解释总体变异量的 13.757%、10.504%、10.475%、10.377%、8.705%、6.501%，累积可解释总体变异量的 60.319%。

表 5-4　本科课堂教学行为因子解释总方差表

成分	初始特征值			提取平方和载荷			旋转平方和载荷		
	合计	方差百分比	累积百分比	合计	方差百分比	累积百分比	合计	方差百分比	累积百分比
1	8.740	38.002	38.002	8.740	38.002	38.002	3.164	13.757	13.757
2	1.290	5.610	43.612	1.290	5.610	43.612	2.416	10.504	24.261
3	1.092	4.748	48.360	1.092	4.748	48.360	2.409	10.475	34.736
4	1.007	4.380	52.739	1.007	4.380	52.739	2.387	10.377	45.113
5	0.936	4.070	56.809	0.936	4.070	56.809	2.002	8.705	53.818
6	0.807	3.510	60.319	0.807	3.510	60.319	1.495	6.501	60.319
7	0.766	3.330	63.649						

续表

成分	初始特征值			提取平方和载荷			旋转平方和载荷		
	合计	方差百分比	累积百分比	合计	方差百分比	累积百分比	合计	方差百分比	累积百分比
8	0.725	3.152	66.801						
9	0.693	3.014	69.816						
10	0.671	2.917	72.732						
11	0.627	2.727	75.459						
12	0.577	2.508	77.967						
13	0.557	2.421	80.389						
14	0.543	2.362	82.750						
15	0.527	2.293	85.043						
16	0.502	2.185	87.228						
17	0.485	2.109	89.337						
18	0.474	2.063	91.400						
19	0.446	1.939	93.339						
20	0.445	1.935	95.273						
21	0.396	1.721	96.994						
22	0.357	1.553	98.547						
23	0.334	1.453	100.000						

Extraction Method：Principal Component Analysis.

具体而言，第一个公因子由第17、18、20、21、22、24小题组成，围绕"提升大学生专业知识的深度与研究能力"展开，用"学术训练"（academic training）的第一个大写英文字母 AT 表示，AT 量表的一致性系数达到0.836。

表5-5 本科课堂教学行为旋转因子矩阵表

高校教师课堂教学行为描述	学术训练	课件准备	分类教学	提问技巧	有效知识	板书教材
21 提供研究方法的指导与训练，培养学生的科研能力	0.721					
22 提供课外时间的学习指导与训练	0.676					

续表

高校教师课堂教学行为描述	学术训练	课件准备	分类教学	提问技巧	有效知识	板书教材
18 课堂教学中，重视课程内容的深度，如提供专业期刊论文，或论文精华内容赏析	0.676					
20 提供学习方法的指导与训练，培养学生的学习能力	0.623					
24 课堂教学中，教学内容不按既定教材讲授，教师有自我讲授逻辑	0.531					
17 课堂教学中，重视课程内容的广度，提供非教材类的课外阅读书目以拓展知识体系	0.529					
16 课堂教学中，PPT 展示课件简洁明了、生动形象，能有效发挥辅助教学效果		0.673				
23 以端正积极态度对待每一堂课，教学认真负责		0.662				
15 课堂教学中，教学发音标准，语速适中		0.649				
19 课堂氛围融洽，师生友好平等，交流真诚		0.542				
1 清晰阐述教学目标，并向学生提出课程期望			0.727			
2 教学内容、难度适合学生当前的能力水平			0.713			
3 教学准备充分，内容丰富			0.655			
4 适当回顾和重复先前知识，建立新旧知识之间的联系			0.551			
8 讲课过程中，安排时间让学生思考或回答问题				0.739		
9 注重提出引发学生课堂讨论的问题，激发学习积极性				0.725		
7 讲课过程中，关注学生的表情与反馈，及时调整教学				0.575		
5 根据教学内容，选择适当教学方法，如灵活运用讲授法、案例法、小组讨论法				0.526		
12 课堂教学中，重视所授知识的实用性					0.718	
13 课堂教学中，重视课程内容的前沿性					0.716	
11 课堂教学中，重视宣讲时的感染力					0.523	
14 课堂教学中，重视黑板板书						0.736
10 课堂教学中，教学内容紧扣主讲教材						0.613

第二个公因子由第 15、16、19、23 小题组成，围绕"端正教学态度与课前教案准备"展开，用"课件准备"（courseware preparation）的第一个大写英文字母 CP 表示，CP 量表的一致性系数达到 0.748。

第三个公因子由第 1、2、3、4 小题组成，围绕"与大学生当前水平相适宜的教学内容筹备"展开，用"分类教学"（classification teaching）的第一个大写英文字母 CT 表示，CT 量表的一致性系数达到 0.729。

第四个公因子由第 5、7、8、9 小题组成，围绕"提出能引发学生思考与讨论的问题并根据大学生反应调整教学模式"展开，用"提问技巧"（questioning skills）的第一个大写英文字母 QS 表示，QS 量表的一致性系数达到 0.731。

第五个公因子由第 11、12、13 小题组成，围绕"授课过程中教师对于专业知识传授的有效性"展开，用"有效知识"（effective knowledge）的第一个大写英文字母 EK 表示，EK 量表的一致性系数达到 0.771。

第六个公因子由第 10、14 小题组成，围绕"传统教学技巧的使用"展开，用"板书教材"（writing textbook）的第一个大写英文字母 WT 表示，WT 量表的一致性系数达到 0.456。

最后，由 23 道小题构成总量表的一致性系数达到 0.924，题项内部一致性系数值，除第六分量表外，其他五个分量表和总量表的系数值均超过 0.7，说明无论分量表，还是总量表中的各题项均测量同一事物，因此测量结果是可信的。

（二）常规教学行为的单因子差异分析

1. 仅"板书教材"在男女性别没有显著性差异

通过使用独立样本 T 检验，结果显示：对于不同性别的大学生，课堂常规教学行为总体上存在显著差异，具体的在"学术训练、课件准备、分类教学、提问技巧"4 方面差异非常显著，在"有效知识"上略有差异，而在"板书教材"上则完全无差异。

通过表 5 - 6 的男女在 6 大因素中的每题均值比较，可以看出女大学生们对于高校教师的常规教学行为（除板书教材外）看法更为积极，认为那些教学行为出现的频率更高；再比较男女生对于常规教学总体行为与其他分项行为的每题平均得分，学生们认为教师行为出现频率由高到低的是：

分类教学 > 课件准备 > 提问技巧 > 有效知识 > 学术训练 > 板书教材。而在 "板书教材" 方面，男女大学生们均值大小只相差 0.03，是所有常规教学 行为中相差最小，几乎可以看作是无差异的，这种看法主要是认为高校教 师在多媒体应用时代中养成的习惯：不但不太愿意写板书，而且还不愿意 按照教材体系去授课。

表 5－6　性别差异 T 检验组别统计表

常规教学行为分项与总项		人数	均值	平均每题得分	标准差	标准误差平均值
学术训练	男	1 210	14.48	2.413	4.329	0.124
	女	1 434	13.95	2.325	4.109	0.109
课件准备	男	1 218	8.63	2.158	2.651	0.076
	女	1 443	8.08	2.020	2.426	0.064
分类教学	男	1213	8.48	2.120	2.548	0.073
	女	1 450	8.01	2.003	2.292	0.060
提问技巧	男	1 221	9.36	2.340	2.891	0.083
	女	1 448	8.78	2.195	2.822	0.074
有效知识	男	1 222	7.05	2.350	2.360	0.068
	女	1 454	6.83	2.277	2.187	0.057
板书教材	男	1 225	4.98	2.490	1.553	0.044
	女	1 454	5.04	2.520	1.643	0.043
常规教学行为	男	1 180	52.92	2.301	13.270	0.386
	女	1 404	50.81	2.209	12.205	0.326

表 5－7 中，首先，要看同方差的 "F 值" 检验，结果发现 "板书教材" 未能通过检验（F 值显著性检验 > 0.5），表明 "板书教材" 的两个组别方差 非齐性，即是异方差。然后再看 "板书教材" 相应异方差的 T 值，发现没有 通过显著性检验（T 值双尾检验 > 0.5），说明 "板书教材" 在男女性别上差 异不显著。

另外，差异值的 95% 置信区间 "课件准备" "分类教学" "提问技巧" "有效知识" "常规教学行为" 未包含 0 在内，表示在男女大学生眼中，"学 术训练" "课件准备" "分类教学" "提问技巧" "有效知识" "常规教学行为"均有显著差异。

表5-7 性别差异独立样本T检验

		方差齐性列文检验		均值相等的T检验						
		F值	显著性检验	T值	自由度	T值显著性	平均数差异	标准误差异	差异的95%置信区间 Lower	Upper
学术训练	同方差	2.801	0.094	3.196	2 642	0.001	0.525	0.164	0.203	0.848
	异方差			3.182	2 518.231	0.001	0.525	0.165	0.202	0.849
课件准备	同方差	13.599	0.000	5.542	2 659	0.000	0.546	0.099	0.353	0.739
	异方差			5.500	2 493.829	0.000	0.546	0.099	0.351	0.741
分类教学	同方差	14.259	0.000	4.989	2 661	0.000	0.468	0.094	0.284	0.652
	异方差			4.943	2 464.017	0.000	0.468	0.095	0.282	0.654
提问技巧	同方差	4.269	0.039	5.237	2 667	0.000	0.581	0.111	0.363	0.798
	异方差			5.226	2 569.426	0.000	0.581	0.111	0.363	0.799
有效知识	同方差	5.232	0.022	2.535	2 674	0.011	0.223	0.088	0.051	0.396
	异方差			2.519	2 517.744	0.012	0.223	0.089	0.049	0.397
板书教材	同方差	0.031	0.860	-0.918	2 677	0.359	-0.057	0.062	-0.179	0.065
	异方差			-0.922	2 642.122	0.357	-0.057	0.062	-0.178	0.064
常规行为	同方差	7.453	0.006	4.218	2 582	0.000	2.116	0.502	1.132	3.100
	异方差			4.188	2 422.359	0.000	2.116	0.505	1.125	3.107

2. 常规教学行为在高低分组中差异显著

将23种教学行为出现频率分数加总计分,并将总分按降序排列,排序前27%的样本计入"高分组",而排序后27%的样本计入"低分组"。参见表5-8和表5-9。

表5-8 T检验组别统计量

常规教学行为		人数	均值	每题平均得分	标准差	标准误差平均值
学术训练	低分组	740	9.73	1.622	2.429	0.089
	高分组	770	18.52	3.087	2.886	0.104
课件准备	低分组	740	5.94	1.485	1.506	0.055
	高分组	770	10.75	2.688	2.147	0.077

续表

常规教学行为		人数	均值	每题平均得分	标准差	标准误差平均值
分类教学	低分组	740	6.09	1.523	1.682	0.062
	高分组	770	10.48	2.620	1.953	0.070
提问技巧	低分组	740	6.36	1.590	1.680	0.062
	高分组	770	11.79	2.948	2.358	0.085
有效知识	低分组	740	4.76	1.587	1.349	0.050
	高分组	770	9.17	3.057	1.725	0.062
板书教材	低分组	740	3.82	1.910	1.260	0.046
	高分组	770	6.16	3.080	1.494	0.054

注：数据编码时，我们令"1=总是，2=经常，3=有时，4=几乎没有，5=从来没有"，因此表中低分组代表教学行为出现频次高的组，而高分组表示教学行为几乎不出现的组。

表5-9 高分组与低分组间的独立样本T检验

		方差齐性列文检验		均值相等的T检验						
		F值	显著性检验	T值	自由度	T值显著性	平均数差异	标准误差异	差异的95%置信区间	
									Lower	Upper
学术训练	同方差	9.329	0.002	-63.923	1508	0.000	-8.791	0.138	-9.061	-8.521
	异方差			-64.141	1482.322	0.000	-8.791	0.137	-9.060	-8.522
课件准备	同方差	54.979	0.000	-50.157	1508	0.000	-4.804	0.096	-4.991	-4.616
	异方差			-50.497	1381.256	0.000	-4.804	0.095	-4.990	-4.617
分类教学	同方差	16.702	0.000	-46.707	1508	0.000	-4.389	0.094	-4.573	-4.204
	异方差			-46.844	1490.446	0.000	-4.389	0.094	-4.572	-4.205
提问技巧	同方差	16.583	0.000	-51.390	1508	0.000	-5.433	0.106	-5.640	-5.226
	异方差			-51.724	1391.896	0.000	-5.433	0.105	-5.639	-5.227
有效知识	同方差	12.633	0.000	-55.246	1508	0.000	-4.415	0.080	-4.571	-4.258
	异方差			-55.512	1448.419	0.000	-4.415	0.080	-4.571	-4.259
板书教材	同方差	0.163	0.686	-32.923	1508	0.000	-2.346	0.071	-2.486	-2.206
	异方差			-33.034	1483.069	0.000	-2.346	0.071	-2.485	-2.207

首先，先看同方差的"F值"检验，只有"板书教材"未能通过检验，表明"板书教材"的两个组别方差非齐性，即异方差。然后再看"板书教材"相应异方差的T值，发现通过显著性检验。差异值的95%置信区间未包含0在内，表示"学术训练""课件准备""分类教学""提问技巧""有效知识""板书教材"高分组与低分组有显著差异。

3. "学术训练""分类教学"可以有效区分教师类型

表5－10告诉我们，不同类型的教师在课堂教学中的常规教学六大类行为里，其中在"课件准备""提问技巧""有效知识""板书教材"上无显著差异，但在"学术训练"和"分类教学"中具有显著性差异。

整体来看，高校课堂有别于其他类型课堂的典型区别点之一，就是需要培养大学生的"学习能力"，而"学术训练"恰是培养"学力"的重要途径。表5－10中数据显示，明星型、学者型的教师非常注重研究方法与规范性论文写作的学术训练内容，而"幽默型"教师只是看重"课件准备"。

表5－10　常规教学行为六因素在教师类型上的差异检验汇总表

教师类型		人数	均值	每题平均得分	分层排序	标准差	F 值	显著性检验
学术训练	学者型	777	13.89	2.315	2	4.266	2.810	0.024
	幽默型	1 270	14.46	2.410	5	4.194		
	体贴型	231	14.08	2.347	3	4.047		
	明星型	104	13.61	2.268	1	3.960		
	耐心型	244	14.11	2.352	4	4.444		
	合计	2 626	14.19	2.365		4.224		
课件准备	学者型	777	8.34	2.085	4	2.662	1.076	0.367
	幽默型	1 278	8.27	2.068	1	2.402		
	体贴型	236	8.64	2.160	5	2.842		
	明星型	103	8.29	2.073	2	2.436		
	耐心型	249	8.31	2.078	3	2.630		
	合计	2 643	8.33	2.083		2.545		

续表

教师类型		人数	均值	每题平均得分	分层排序	标准差	F 值	显著性检验
分类教学	学者型	782	8.02	2.005	2	2.504	2.500	0.041
	幽默型	1 275	8.36	2.090	5	2.387		
	体贴型	236	8.25	2.063	4	2.395		
	明星型	106	8.01	2.003	1	2.388		
	耐心型	247	8.24	2.060	3	2.376		
	合计	2 646	8.22	2.055		2.425		
提问技巧	学者型	783	9.01	2.253	2	2.868	0.795	0.529
	幽默型	1283	9.09	2.273	3	2.817		
	体贴型	232	9.09	2.273	3	2.906		
	明星型	105	8.61	2.153	1	3.312		
	耐心型	248	9.13	2.283	5	2.883		
	合计	2 651	9.05	2.263		2.867		
有效知识	学者型	784	6.90	2.300	2	2.356	1.213	0.303
	幽默型	1 282	6.96	2.320	4	2.222		
	体贴型	237	6.92	2.307	3	2.275		
	明星型	106	6.49	2.163	1	2.286		
	耐心型	249	7.03	2.343	5	2.239		
	合计	2 658	6.93	2.310		2.271		
板书教材	学者型	786	5.04	2.520	4	1.772	0.840	0.500
	幽默型	1 281	5.04	2.520	4	1.559		
	体贴型	237	4.89	2.445	1	1.464		
	明星型	105	4.95	2.475	3	1.430		
	耐心型	249	4.91	2.455	2	1.445		
	合计	2 658	5.01	2.505		1.602		
常规教学行为	学者型	757	51.28	2.230	2	13.100	1.337	0.254
	幽默型	1 245	52.25	2.272	5	12.432		
	体贴型	224	51.82	2.253	4	13.284		
	明星型	99	49.77	2.164	1	11.944		
	耐心型	242	51.70	2.248	3	13.136		
	合计	2 567	51.78	2.251		12.760		

（三）中国高校课堂中师生互动基本处于"浅层互动"

如果说将"社交型"与"过程型"的师生互动归为"浅层互动"，而"说明型"的师生互动归为"中间层互动"，"解释型"与"认知型"的师生互动归为"深层互动"。表5－11显示，我国高校课堂教学中的师生互动在六大常规教学行为中基本处于浅层互动。

"分类教学"处于深层互动，"提问技巧"处于中层互动，"板书教材"处于中深层互动范畴。

表5－11显示，"学术训练"与"提问技巧"两大教学行为类型在不同师生互动行为间有显著性差异。

表5－11　常规教学行为六因素在师生互动类型上的差异检验汇总表

教师类型		人数	均值	每题平均得分	分层排序	标准差	F 值	显著性检验
师生互动类型	社交型	893	14.19	2.365	3	4.122	4.886	0.001
	过程型	547	13.60	2.267	1	4.147		
	说明型	363	14.10	2.350	2	4.156		
	解释型	510	14.59	2.432	4	4.159		
	认知型	315	14.67	2.445	5	4.661		
	合计	2 628	14.19	2.365		4.220		
课件准备	社交型	901	8.25	2.063	2	2.420	1.430	0.221
	过程型	549	8.22	2.055	1	2.573		
	说明型	365	8.58	2.145	5	2.647		
	解释型	512	8.37	2.093	3	2.478		
	认知型	318	8.39	2.098	4	2.808		
	合计	2 645	8.33	2.083		2.545		
分类教学	社交型	902	8.18	2.045	3	2.492	1.541	0.188
	过程型	551	8.09	2.023	1	2.361		
	说明型	365	8.33	2.083	4	2.487		
	解释型	510	8.41	2.103	5	2.274		
	认知型	319	8.14	2.035	2	2.496		
	合计	2 647	8.22	2.055		2.425		

续表

教师类型		人数	均值	每题平均得分	分层排序	标准差	F值	显著性检验
提问技巧	社交型	904	9.02	2.255	2	2.807	4.702	0.001
	过程型	553	8.69	2.173	1	2.811		
	说明型	368	9.13	2.283	4	3.140		
	解释型	509	9.44	2.360	5	2.733		
	认知型	318	9.05	2.263	3	2.967		
	合计	2 652	9.05	2.263		2.870		
有效知识	社交型	905	6.87	2.290	2	2.354	2.034	0.087
	过程型	555	6.81	2.270	1	2.282		
	说明型	368	6.88	2.293	3	2.252		
	解释型	514	7.17	2.390	5	2.133		
	认知型	318	6.93	2.310	4	2.224		
	合计	2 660	6.93	2.310		2.270		
板书教材	社交型	909	5.08	2.540	5	1.474	1.581	0.177
	过程型	553	4.87	2.435	1	1.603		
	说明型	367	5.04	2.520	4	1.969		
	解释型	513	5.03	2.515	3	1.525		
	认知型	318	5.00	2.500	2	1.598		
	合计	2660	5.01	2.505		1.602		
常规教学行为	社交型	871	51.67	2.247	2	12.558	3.248	0.011
	过程型	531	50.24	2.184	1	12.904		
	说明型	357	52.23	2.271	3	12.800		
	解释型	500	52.94	2.302	5	12.066		
	认知型	308	52.35	2.276	4	13.900		
	合计	2 567	51.78	2.251		12.761		

四、常规教学行为的双因子变异数分析

（一）学校级别与课堂提问对常规教学行为的评价有显著差异

由表 5 - 12 知，学校级别与课堂提问的交互作用未能达到显著（$F = 1.243$，$p = 0.29$），因而再看主要效果（a 因子与 b 因子）的 F 值，分别为 15.978（$p = 0.000$）、21.846（$p = 0.000$）均达显著。说明不同级别的高校的大学生对其所在高校本科课堂教师的教学行为评价有显著差异；同时，学生是否会在课堂中提问，对教学行为的评价也有显著差异。

表 5 - 12　受试者间效果比较表——两因子变异数分析表

Dependent Variable：常规教学行为

Source	Type Ⅲ Sum of Squares	df	Mean Square	F	Sig.
Corrected Model	26 437.126（b）	9	2 937.458	19.170	0.000
Intercept	1 429 676.134	1	1 429 676.134	9 330.276	0.000
学校级别（a 因子）	9 793.156	4	2 448.289	15.978	0.000
课堂提问（b 因子）	3 347.395	1	3 347.395	21.846	0.000
a * b	761.901	4	190.475	1.243	0.290
Error	391 348.869	2 554	153.230		
合计	7 288 893.000	2564			
Corrected Total	417 785.995	2 563			

a　Computed using alpha = 0.05

b　R Squared = 0.063（Adjusted R Squared = 0.060）

由表 5 - 13 可知，能在课堂上提问的学生比不提问的学生对于教师行为的理解更为积极乐观，同时，学生所读学校级别越高，对于教学行为的评价也越积极。整体而言，常规教师行为属于经常出现，重点本科的学生对于教师行为的评价处于均值之上，其他级别的本科对于教师行为评价处于均值之下。

表 5－13 学校级别与课堂提问在常规教学行为之细格

每题平均得分与边缘每题平均得分

	学生在课堂不提问	课堂会提问	边缘每题平均得分
重点本科	2.287 （466）	2.066 （635）	2.160 （1 101）
普通一本	2.352 （439）	2.202 （473）	2.274 （912）
普通二本	2.533 （225）	2.252 （227）	2.392 （452）
普通三本	2.582 （28）	2.357 （36）	2.456 （64）
不知道	2.418 （21）	2.171 （14）	2.319 （35）
边缘每题平均得分	2.367 （1 179）	2.152 （1 385）	2.251 （2 564）

注：括号内是人数。表中的平均数都是细格平均数与边缘平均数除以 23 所得结果，即每题平均得分。

（二）学校级别、主动回答及其交互作用对常规教学行为的评价有显著差异

由表 5－14 知，不同级别的高校、学生是否在课堂内主动回答对常规教学行为的评价有显著差异，二者的交互效应也达显著。

表 5－14 受试者间效果比较表——两因子变异数分析表

Dependent Variable：常规教学行为

Source	Type III Sum of Squares	df	Mean Square	F	Sig.
Corrected Model	27 710.468 （b）	10	2 771.047	18.171	0.000
Intercept	61 392.702	1	61 392.702	402.576	0.000
学校级别（a 因子）	10 846.729	4	2 711.682	17.782	0.000
主动回答（b 因子）	2 935.581	2	1 467.790	9.625	0.000
a * b	1 627.531	4	406.883	2.668	0.031
Error	387 959.435	2 544	152.500		
Total	7 262 752.000	2 555			
Corrected Total	415 669.904	2 554			

a Computed using alpha ＝0.05

b R Squared ＝0.067 （Adjusted R Squared ＝0.063）

由表 5 - 15 可知，能够在课堂中主动回答问题的学生比不主动回答的学生对于教师行为的理解更为积极乐观，同时，学生所读学校级别越高，对于教学行为的评价也越积极。换言之，所谓听课认真的好学生对于教师行为的观察更为积极主动，对高校本科教学质量的评价更为积极。

表 5 - 15　学校级别与主动回答在常规教学行为之细格
每题平均得分与边缘每题平均得分

	不回答	主动回答	边缘每题平均得分
重点本科	2.281（590）	2.015（503）	2.159（1093）
普通一本	2.323（530）	2.206（382）	2.274（912）
普通二本	2.502（259）	2.246（191）	2.393（450）
普通三本	2.584（33）	2.320（31）	2.456（64）
不知道	2.377（22）	2.221（13）	2.319（35）
边缘每题平均得分	2.345（1434）	2.130（1120）	2.251（2555）

注：括号内是人数。表中的平均数都是细格平均数与边缘平均数除以 23 所得结果，即每题平均得分。

（三）不同等级奖学金获得者对于常规教学行为的评价不显著

由表 5 - 16 知，主要效果中的奖学金最高获得级别因子未能达到显著（$F = 1.408$，$p = 0.238$），而主要效果中的学校级别及其与不同等级奖学金获得者的交互效果均达显著，它们的 F 值，分别为 13.642（$p = 0.000$）、2.503（$p = 0.003$）均达显著。

表 5 - 16　受试者间效果比较表——两因子变异数分析表

Dependent Variable：常规教学行为

Source	Type Ⅲ Sum of Squares	df	Mean Square	F	Sig.
Corrected Model	19 195.528（b）	19	1 010.291	6.489	0.000
Intercept	968 508.390	1	968 508.390	6 220.782	0.000
学校级别（a 因子）	8 495.777	4	2 123.944	13.642	0.000
奖学金级别（b 因子）	657.803	3	219.268	1.408	0.238

续表

Source	Type III Sum of Squares	df	Mean Square	F	Sig.
a＊b	4 676.094	12	389.675	2.503	0.003
Error	397 941.496	2 556	155.689		
Total	7 319 449.000	2 576			
Corrected Total	417 137.024	2 575			

a Computed using alpha ＝0.05

b R Squared ＝0.046（Adjusted R Squared ＝0.039）

由表5－17可知，得过奖学金的学生比没有得过奖学金的学生对于教师行为的理解更为积极乐观，整体而言，得过奖学金的学生对于教师行为的评价处于均值之上，没有得过奖学金的学生对于教师行为评价处于均值之下。

重点本科高校，对于教师的常规教学行为评价由高到低的是：二等奖学金＞一等奖学金＞三等奖学金＞没得过奖学金；普通一本与二本高校，对于教师的常规教学行为评价由高到低的是：三等奖学金＞一等奖学金＞二等奖学金＞没得过奖学金。

表5－17 学校级别与奖学金级别在常规教学行为之细格
每题平均得分与边缘每题平均得分

学校级别	一等奖学金	二等奖学金	三等奖学金	没得过奖学金	边缘每题平均得分
重点本科	2.137（195）	2.088（260）	2.163（256）	2.214（389）	2.159（1 100）
普通一本	2.272（122）	2.274（218）	2.233（214）	2.301（362）	2.275（916）
普通二本	2.335（46）	2.367（78）	2.142（98）	2.506（239）	2.388（461）
普通三本	2.774（5）	2.667（9）	2.238（19）	2.477（31）	2.456（64）
不知道	2.413（4）	2.511（4）	2.428（6）	2.234（21）	2.319（35）
边缘每题平均得分	2.217（372）	2.210（569）	2.190（593）	2.319（1 042）	2.251（2 576）

注：括号内是人数。表中的平均数都是细格平均数与边缘平均数除以23所得结果，即每题平均得分。

普通三本高校，对于教师的常规教学行为评价由高到低的是：三等奖学金＞没得过奖学金＞二等奖学金＞一等奖学金。由于普通三本的学生样本量较小，所以其比较结果仅作参考。

（四）奖学金获得者与学生毕业状态对常规教学行为评价有显著差异

由表5－18知，不同等级奖学金学生及其毕业状态的交互作用对常规教学行为的评价未能达到显著（F＝0.63，p＝0.596），因而再看主要效果（a因子与b因子）的F值，分别为3.229（p＝0.022）、5.996（p＝0.014）均达显著，即不同奖学金获得者、是否毕业的大学生对于课堂教学行为的评价有显著差异。

表5－18 受试者间效果比较表——两因子变异数分析表

Source	Type Ⅲ Sum of Squares	df	Mean Square	F	Sig.
Corrected Model	5 721.000（b）	7	817.286	5.103	0.000
Intercept	1 854 047.776	1	1 854 047.776	11 576.049	0.000
奖学金级别（a因子）	1 551.269	3	517.090	3.229	0.022
学生毕业状态（b因子）	960.354	1	960.354	5.996	0.014
a * b	302.791	3	100.930	0.630	0.596
Error	409 855.573	2 559	160.162		
Total	7 301 734.000	2 567			
Corrected Total	415 576.573	2566			

a Computed using alpha ＝0.05

b R Squared ＝0.014（Adjusted R Squared ＝0.011）

由表5－19可知，没获得过奖学金的学生对教师行为评价最低，对于已经获得过奖学金的学生，尽管对于教师行为的评价处于均值之上，但随着获得级别的增高反而对教师行为评价越低。在读的学生比已经毕业的学生对于教师行为评价要高。

表 5 – 19　奖学金级别与学生是否毕业在常规教学行为之细格
每题平均得分与边缘每题平均得分

	本科已毕业	本科在读	边缘每题平均得分
一等奖学金	2.222（42）	2.218（327）	2.218（369）
二等奖学金	2.310（48）	2.201（518）	2.210（566）
三等奖学金	2.337（43）	2.182（550）	2.193（593）
没得过	2.461（52）	2.313（987）	2.320（1 039）
边缘每题平均得分	2.338（185）	2.245（2 382）	2.252（2 564）

注：括号内是人数。表中的平均数都是细格平均数与边缘平均数除以 23 所得结果，即每题平均得分。

五、高校教师常规教学行为回归模型及其解释

表 5 – 20 给出了六大公因子对于每一种高校教师的教学行为的影响程度大小，正负号只说明影响是正向和反向作用。笔者将对教学行为有重要影响的因子重点标出。

表 5 – 20　因子系数矩阵表

高校教师课堂教学行为描述	学术训练	课件准备	分类教学	提问技巧	有效知识	板书教材
1 清晰阐述教学目标，并向学生提出课程期望	0.008	– 0.146	0.483	– 0.141	– 0.052	0.012
2 教学内容、难度适合学生当前的能力水平	– 0.104	0.014	0.436	– 0.075	– 0.057	– 0.042
3 教学准备充分，内容丰富	– 0.108	– 0.023	0.372	– 0.029	0.095	– 0.165
4 适当回顾和重复先前知识，建立新旧知识之间的联系	0.001	– 0.154	0.330	– 0.008	– 0.149	0.213
5 根据教学内容，选择适当教学方法，如灵活运用讲授法、案例法、小组讨论法	0.027	– 0.102	0.030	0.285	0.006	– 0.145
7 讲课过程中，关注学生的表情与反馈，及时调整教学	– 0.073	– 0.066	0.007	0.330	– 0.070	0.099

续表

高校教师课堂教学行为描述	学术训练	课件准备	分类教学	提问技巧	有效知识	板书教材
8 讲课过程中，安排时间让学生思考或回答问题	− 0.113	0.017	− 0.084	0.516	− 0.161	− 0.005
9 注重提出引发学生课堂讨论的问题，激发学习积极性	− 0.081	− 0.067	− 0.135	0.511	− 0.025	− 0.067
10 课堂教学中，教学内容紧扣主讲教材	− 0.172	0.149	− 0.026	0.058	− 0.159	0.514
11 课堂教学中，重视宣讲时的感染力	− 0.053	− 0.141	− 0.043	0.080	0.324	0.105
12 课堂教学中，重视所授知识的实用性	− 0.150	− 0.015	− 0.037	− 0.073	0.575	− 0.047
13 课堂教学中，重视课程内容的前沿性	− 0.097	− 0.063	− 0.016	− 0.115	0.576	− 0.045
14 课堂教学中，重视黑板板书	0.029	− 0.124	− 0.043	− 0.154	0.056	0.611
15 课堂教学中，教学发音标准，语速适中	− 0.110	0.425	− 0.109	− 0.061	− 0.079	0.167
16 课堂教学中，PPT 展示课件简洁明了、生动形象，能有效发挥辅助教学效果	− 0.110	0.430	− 0.145	− 0.024	0.053	− 0.020
17 课堂教学中，重视课程内容的广度，提供非教材类的课外阅读书目以拓展知识体系	0.184	− 0.009	− 0.084	− 0.024	0.214	− 0.210
18 课堂教学中，重视课程内容的深度，如提供专业期刊论文，或论文精华内容赏析	0.322	− 0.078	− 0.109	− 0.033	0.056	− 0.084
19 课堂氛围融洽，师生友好平等，交流真诚	0.060	0.292	− 0.039	0.006	− 0.082	− 0.138
20 提供学习方法的指导与训练，培养学生的学习能力	0.272	0.059	− 0.032	− 0.037	− 0.129	− 0.017
21 提供研究方法的指导与训练，培养学生的科研能力	0.374	− 0.128	− 0.001	− 0.088	− 0.108	0.071
22 提供课外时间的学习指导与训练	0.362	− 0.131	− 0.019	− 0.006	− 0.239	0.166

高校教师课堂教学行为描述	学术训练	课件准备	分类教学	提问技巧	有效知识	板书教材
23 以端正积极态度对待每一堂课，教学认真负责	−0.029	0.410	0.047	−0.085	−0.131	−0.081
24 课堂教学中，教学内容不按既定教材讲授，教师有自我讲授逻辑	0.269	0.170	0.007	−0.146	−0.091	−0.219

Extraction Method: Principal Component Analysis.

Rotation Method: Varimax with Kaiser Normalization.

Component Scores.

具体可写成如下的回归方程，如表 5 − 20 所列示的第 2 种、第 5 种与第 8 种行为：

适当的教学内容 = − 0.104 学术训练 + 0.014 课件准备 + 0.436 分类教学 − 0.075 提问技巧 − 0.057 有效知识 − 0.042 板书教材；

教学模式的变革 = 0.027 学术训练 − 0.102 课件准备 + 0.030 分类教学 + 0.285 提问技巧 + 0.006 有效知识 − 0.145 板书教材；

师生互动时间 = − 0.113 学术训练 + 0.017 课件准备 − 0.084 分类教学 + 0.516 提问技巧 − 0.161 有效知识 − 0.005 板书教材。

在此，说明教师的"提问技巧"对于"教学内容、教学方法和师生互动"的影响：

目前，"提问技巧"主要有苏格拉底的助产士提问，即"反诘法"，这是一种叫以带给学生洞察力，激发学生好奇心，从而培养学生智慧的有效辅导类提问法；与苏格拉底同时代的大圣人孔子，采用的对话方法与苏格拉底迥然不同，孔子的对话并不是真正的对话，而是类似于"教义问答"的权威话语和独白，问者所起的作用只是提起话头和等待教导，是一种"诲人不倦"的"答疑解惑者"的形象。

苏格拉底与孔子是教师在课堂教学中高质量提问技巧的代表，而且高质量的问题对于学习还有多重效果：如果提问的目的是得到信息，那么你得到的只能是答案或事实；如果提问的目的是探寻理解，那么你就能释放一系列其他有力的东西。

通过上述回归模型，我们看到教师在授课过程中每提高 1 单位的"提问技巧"，则平均可以提高 0.516 单位的师生互动时间、0.0285 单位的教学模式变革，平均减少 0.075 单位的适当教学内容；同理，每提高 1 单位的"分类教学"，则平均可提升 0.436 单位的适当教学内容、0.03 单位的教学模式变革，平均减少 0.084 单位的师生互动时间；若"学术训练"每提升 1 单位，则平均减少 0.113 单位的师生互动时间、0.104 单位的适当教学内容，平均增加 0.027 单位的教学模式变革，"课件准备"刚好与"学术训练"对于三种教学行为的影响相反。

上述模型还告诉我们，依托"板书教材"这种传统授课方式，不仅将会降低教师对于教学模式变革的热情，而且还将减少授课内容的适当性和师生互动时间。在课堂中向学生传授既有前沿性，又有实用性的有效知识，每提升 1 单位，将会减少 0.161 单位的师生互动时间和 0.057 单位适当教学内容，微弱提升教师对于教学模式变革的热情。

六、高校本科课堂期望教学行为的调查与分析

（一）大学生期望高校教师课堂行为的比较分析

以大学生需求为调查重点，让课题组得到一个非常吃惊的结果，14 种高校教师课堂行为均为大学生们所渴求的，笔者将"非常需要""比较需要""偶尔""不太需要""很不需要"分别赋予 5、4、3、2、1 的权数，分别与对应表格中的有效频率相乘，所得结果有 64% 的教学行为在 4 分以上，剩余 36% 的行为也在 3.5 分以上（参见表 5 - 21）。

表 5 - 21　高校教师教学行为需求度排序表　　有效频率:%

大学生们对高校教师课堂 行为的需求度测评题目	非常 需要	比较 需要	偶尔	不太 需要	很 不需要	加权 平均数
1 教师鼓励学生反思自己的感受、态度 和行为	40.91	40.51	15.83	2.38	0.37	4.19
2 教师允许学生积极参与决定学习内容 和学习方式	37.41	44.89	14.73	2.83	0.15	4.17
3 教师帮助学生组织学习活动的内容和 顺序	29.96	41.39	23.85	4.28	0.52	3.96

续表

大学生们对高校教师课堂 行为的需求度测评题目	非常 需要	比较 需要	偶尔	不太 需要	很 不需要	加权 平均数
4 教师能从学生那里获得改进教学的 建议	35.93	43.95	16.94	2.88	0.30	4.12
5 教师会使全班学生感受到，学生的能 力和经验是值得尊重和重视的	42.39	41.69	12.98	2.72	0.22	4.23
6 教师帮助学生选择和发展他们的学习 方向	34.73	40.66	19.04	5.04	0.52	4.04
7 教师允许学生评估自己的学业成绩	29.62	39.75	23.27	6.50	0.86	3.91
8 教师帮助学生明确学生自己期望达到 的以及教师帮助其实现的行为变化	34.59	44.39	16.70	4.03	0.30	4.09
9 教师鼓励学生创造自己的学习活动和 学习材料	30.04	40.74	22.88	5.37	0.97	3.94
10 教师为学生提供发展师生和谐关系的 机会	42.01	40.59	13.64	3.35	0.41	4.20
11 教师首先关注的是学生的需要	38.39	41.52	16.21	3.55	0.34	4.14
12 教师帮助每位学生意识到决心有助于 实现个人的目标	36.45	39.14	18.75	4.92	0.75	4.06
13 教师用小组活动而不是讲演的形式进 行教学	24.75	35.39	29.56	8.62	1.68	3.73
14 教师和学生一起设计学习单元	19.29	33.69	30.30	13.10	3.62	3.52

　　表 5 - 22 显示：第五种行为"教师会使全班学生感受到，学生的能力和经验是值得尊重和重视的"最为急迫，这说明学生渴望获得认可，渴望教师的精神鼓励，而这些有时恰被一线教师所忽视；第十四种行为"教师和学生一起设计学习单元"表现的迫切度是所有行为中最低的，这一方面是因为高校每一门专业课对于大学生们而言，基本是全新的或者是不熟悉的，因此，占样本总量近17%的大学生选择"不需要"，还有三成学生认为"偶尔"就可以，不过进入课程学习后，随着对于课程体系了解程度逐渐加深，教师可以适度征求大学生们的意见，以了解所讲教学内容的理论与方法，是否适合

大学生所需，所以，在表 5 - 21 中，笔者看到还有近二成样本认为"非常需要"，这不仅是照顾到学生们的多元化的学习需求，即"理论""实践""前沿"，而且还是照顾到不同学习程度大学生们对知识体系深度的学习需要。表 5 - 22 是对表 5 - 21 结果的进一步总结，按需要度五星评级。

表 5 - 22　高校教师教学行为需求度评级表

大学生所需要的高校教师课堂行为	需求度评级
5 教师会使全班学生感受到，学生的能力和经验是值得尊重和重视的	★★★★★
10 教师为学生提供发展师生和谐关系的机会	
1 教师鼓励学生反思自己的感受、态度和行为	
2 教师允许学生积极参与决定学习内容和学习方式	★★★★
11 教师首先关注的是学生的需要	
4 教师能从学生那里获得改进教学的建议	
8 教师帮助学生明确学生自己期望达到的以及教师帮助其实现的行为变化	★★★
12 教师帮助每位学生意识到决心有助于实现个人的目标	
6 教师帮助学生选择和发展他们的学习方向	
3 教师帮助学生组织学习活动的内容和顺序	★★
9 教师鼓励学生创造自己的学习活动和学习材料	
7 教师允许学生评估自己的学业成绩	
13 教师用小组活动而不是讲演的形式进行教学	★
14 教师和学生一起设计学习单元	

（二）期望教学行为的因子分析

有关大学生们迫切需要一线教师能够熟练应用 14 种课堂教学行为，做了相关取样适当性量数检验，结果 KMO 值为 0.922，适合做因子分析。删除第 5 题并经过降维处理，抽取 4 个公因子，笔者发现此 4 大公因子可解释程度由 61.26% 提升至 62.687%。

具体而言，第一个公因子由第 1、2、3、9 小题组成，围绕"教师鼓励大学生学会反思，学会学习"展开，用"反思学习"（reflective learning）的第一个大写英文字母 RL 表示，RL 量表的一致性系数达到 0.754。

表5-23　大学生需要的教师课堂教学行为因子解释总方差表

成分	初始特征值			提取平方和载荷			旋转平方和载荷		
	合计	方差百分比	累积百分比	合计	方差百分比	累积百分比	合计	方差百分比	累积百分比
1	5.373	41.327	41.327	5.373	41.327	41.327	2.478	19.058	19.058
2	1.037	7.977	49.304	1.037	7.977	49.304	2.171	16.696	35.754
3	0.883	6.790	56.094	0.883	6.790	56.094	1.869	14.379	50.133
4	0.857	6.593	62.687	0.857	6.593	62.687	1.632	12.554	62.687
5	0.742	5.710	68.397						
6	0.658	5.063	73.460						
7	0.599	4.604	78.065						
8	0.537	4.129	82.194						
9	0.502	3.862	86.055						
10	0.496	3.814	89.870						
11	0.452	3.479	93.349						
12	0.437	3.360	96.709						
13	0.428	3.291	100.000						

Extraction Method: Principal Component Analysis.

第二个公因子由第4、10、11、12小题组成，围绕"教师课前应关注大学生所需，即学会备学生"展开，用"理解学生"（understand students）的第一个大写英文字母 US 表示，US 量表的一致性系数达到0.755。

第三个公因子由第6、7、8小题组成，围绕"教师主导而学生为辅制订的学生课程与作业质量评价体系并发挥该评价体系对学生学习行为的导引作用"展开，用"课业评价"（academic evaluation）的第一个大写英文字母 AE 表示，AE 量表的一致性系数达到0.671。

第四个公因子由第13、14小题组成，围绕"学生参与教学单元设计"展开，用"学生参与"（student participation）的第一个大写英文字母 SP 表示，SP 量表的一致性系数达到0.671。

总量表的一致性系数达到0.878，均表明所有分量表与总量表各题项所测量事物是一致的。由此，课题组所得结论也具有参考价值。

表 5 – 24　大学生需要的教师课堂教学行为因子解释总方差表

教师课堂行为描述	反思学习	理解学生	课业评价	学生参与
1 教师鼓励学生反思自己的感受、态度和行为	0.799			
2 教师允许学生积极参与决定学习内容和学习方式	0.697			
3 教师帮助学生组织学习活动的内容和顺序	0.591			
9 教师鼓励学生创造自己的学习活动和学习材料	0.540			
11 教师首先关注的是学生的需要		0.842		
12 教师帮助每位学生意识到决心有助于实现个人的目标		0.628		
10 教师为学生提供发展师生和谐关系的机会		0.600		
4 教师能从学生那里获得改进教学的建议		0.536		
7 教师允许学生评估自己的学业成绩			0.813	
6 教师帮助学生选择和发展他们的学习方向			0.635	
8 教师帮助学生明确学生自己期望达到的以及教师帮助其实现的行为变化			0.580	
14 教师和学生一起设计学习单元				0.854
13 教师用小组活动而不是讲演的形式进行教学				0.771

Extraction Method：Principal Component Analysis.

Rotation Method：Varimax with Kaiser Normalization.

a　Rotation converged in 5 iterations.

（三）期望教学行为的单因子差异分析

1. "理解学生""课业评价"存在男女显著差异

男女大学生对于高校教师应该改善的行为主要差异在于"理解学生"与"课业评价"上，而在"反思学习"与"学生参与"上无明显差异。

表 5 – 25 中均值与每题平均得分清晰表明大学生们对于教师的期望行为急迫需求程度，女大学生低于男大学生（参见表 5 – 27，男期望教学行为每题均分为 2.027，女期望教学行为每题均分为 1.965）；同时，需求程度由高到低的是理解学生 > 反思学习 > 课业评价 > 学生参与。

表 5 - 25　性别对于期望教学行为差异表

性别		人数	均值	每题平均得分	标准差	T 值	显著性检验	差异显著结论
反思学习	男	1219	7.83	1.958	2.652	1.671	0.095	不显著
	女	1445	7.66	1.915	2.485	1.661	0.097	
理解学生	男	1210	7.67	1.918	2.753	3.665	0.000	显著
	女	1433	7.30	1.825	2.381	3.621	0.000	
课业评价	男	1215	6.07	2.023	2.148	2.816	0.005	显著
	女	1439	5.85	1.950	1.961	2.794	0.005	
学生参与	男	1217	4.80	2.400	1.830	1.390	0.165	不显著
	女	1445	4.71	2.355	1.716	1.382	0.167	
期望教学行为	男	1194	26.35	2.027	7.722	2.809	0.005	显著
	女	1413	25.54	1.965	6.900	2.782	0.005	

2. 教师类型对于"学术训练""分类教学""理解学生"的教学行为有显著性差异

表 5 - 26 显示，大学生们需要"学者型"与"幽默型"的教师加强对他们"反思学习"等有关学习方法上的指导；需要"幽默型"与"耐心型"教师加强"理解学生"，多多了解大学生们的需要；大学生们认为"体贴型"和"明星型"教师应使得"课业评价"体系更为公平公正地评价出学生学习水平；"体贴型"与"学者型"教师还应在课程内容的选择上，多多让"学生参与"进来。

表 5 - 26　期望教学行为在教师类型上的差异检验

教师类型		人数	均值	每题平均得分	分层排序	标准差	F 值	显著性检验
反思学习	学者型	780	7.68	1.920	1	2.679	2.160	0.071
	幽默型	1 279	7.68	1.920	1	2.471		
	体贴型	234	8.14	2.035	5	2.586		
	明星型	105	8.09	2.023	4	2.610		
	耐心型	248	7.80	1.950	3	2.631		
	合计	2 646	7.75	1.938		2.567		

续表

教师类型		人数	均值	每题平均得分	分层排序	标准差	F 值	显著性检验
理解学生	学者型	773	7.51	1.878	3	2.629	2.583	0.035
	幽默型	1 268	7.37	1.843	1	2.453		
	体贴型	234	7.80	1.950	4	2.819		
	明星型	106	7.97	1.993	5	2.474		
	耐心型	244	7.39	1.848	2	2.660		
	合计	2 625	7.47	1.868		2.563		
课业评价	学者型	774	5.97	1.990	4	2.101	0.552	0.698
	幽默型	1 274	5.92	1.973	3	1.998		
	体贴型	235	5.90	1.967	1	2.074		
	明星型	105	5.90	1.967	1	2.274		
	耐心型	248	6.12	2.040	5	2.034		
	合计	2 636	5.95	1.983		2.050		
学生参与	学者型	775	4.68	2.340	2	1.793	0.964	0.426
	幽默型	1279	4.80	2.400	4	1.751		
	体贴型	237	4.61	2.305	1	1.665		
	明星型	106	4.78	2.390	3	1.826		
	耐心型	247	4.81	2.405	5	1.843		
	合计	2 644	4.75	2.375		1.767		
期望教学行为	学者型	759	25.87	1.990	2	7.492	0.951	0.433
	幽默型	1 255	25.75	1.981	1	6.995		
	体贴型	229	26.40	2.031	4	7.522		
	明星型	104	26.88	2.068	5	7.544		
	耐心型	242	26.14	2.011	3	7.801		
	合计	2 589	25.92	1.994		7.290		

3. 期望教师行为达到深层"师生互动"

表5-27表明大学生们渴望在师生互动过程中，教师们能够增强"反思

学习""理解学生""课业评价""学生参与"的行为,而且不要停留在浅层,应当达到深层互动。

表 5 – 27　期望教学行为在师生互动类型上差异检验

师生互动类型		人数	均值	每题平均得分	分层排序	标准差	F 值	显著性检验
反思学习	社交型	902	7.45	1.863	1	2.362	5.767	0.000
	过程型	554	7.89	1.973	4	2.577		
	说明型	367	8.14	2.035	5	2.778		
	解释型	509	7.83	1.958	3	2.639		
	认知型	316	7.77	1.943	2	2.687		
	合计	2 648	7.75	1.938		2.570		
理解学生	社交型	895	7.17	1.793	1	2.405	8.929	0.000
	过程型	553	7.70	1.925	4	2.604		
	说明型	362	8.03	2.008	5	2.968		
	解释型	506	7.36	1.840	2	2.461		
	认知型	311	7.50	1.875	3	2.452		
	合计	2 627	7.48	1.870		2.563		
课业评价	社交型	897	5.78	1.927	1	1.976	4.473	0.001
	过程型	549	5.94	1.980	3	1.976		
	说明型	364	6.28	2.093	5	2.246		
	解释型	510	5.92	1.973	2	2.061		
	认知型	318	6.12	2.040	4	2.075		
	合计	2 638	5.95	1.983		2.049		
学生参与	社交型	902	4.61	2.305	2	1.777	6.538	0.000
	过程型	553	4.56	2.280	1	1.697		
	说明型	368	4.93	2.465	4	1.823		
	解释型	507	4.91	2.455	3	1.785		
	认知型	316	5.00	2.500	5	1.707		
	合计	2 646	4.75	2.375		1.768		

续表

师生互动类型		人数	均值	每题平均得分	分层排序	标准差	F 值	显著性检验
期望教学行为	社交型	884	25.01	1.924	1	6.804	7.995	0.000
	过程型	544	26.07	2.005	3	7.296		
	说明型	357	27.48	2.114	5	8.164		
	解释型	500	26.02	2.002	2	7.266		
	认知型	306	26.35	2.027	4	7.317		
	合计	2 591	25.92	1.994		7.296		

4. 期望教师行为在"作业类型"有显著性差异

表 5 - 28 显示，在高校教师布置给学生们的常见 5 类作业中，能够对于"反思学习"有助益的作业主要有"课堂练习题"、"论文型作业"与"讲授型作业"；能够对于"理解学生"有助益的作业主要有"课堂练习题"、"论文型作业"与"课后习题作业"；能够对"课业评价"有助益的作业主要有"课堂练习题"、"讲授型作业"与"论文型作业"；能够对"学生参与"有助益的作业主要有"调研型"、"讲授型"与"课堂练习型"。

表 5 - 28　期望教师行为在作业类型上差异检验

作业类型		人数	均值	每题平均得分	分层排序	标准差	F 值	显著性检验
反思学习	论文型	460	7.67	1.918	2	2.541	3.515	0.007
	讲授型	562	7.69	1.922	3	2.679		
	调研型	565	7.88	1.971	4	2.477		
	课后习题型	712	7.92	1.980	5	2.597		
	课堂练习型	332	7.34	1.834	1	2.508		
	合计	2 631	7.75	1.937		2.573		
理解学生	论文型	454	7.47	1.868	2	2.664	7.161	0.000
	讲授型	559	7.57	1.891	4	2.564		
	调研型	563	7.71	1.928	5	2.633		
	课后习题型	706	7.50	1.875	3	2.496		
	课堂练习型	330	6.80	1.700	1	2.359		
	合计	2 612	7.47	1.866		2.566		

续表

作业类型		人数	均值	每题平均得分	分层排序	标准差	F 值	显著性检验
课业评价	论文型	460	5.88	1.959	3	2.010	4.774	0.001
	讲授型	557	5.94	1.981	2	2.137		
	调研型	561	6.10	2.032	5	2.020		
	课后习题型	710	6.08	2.027	4	2.017		
	课堂练习型	333	5.55	1.850	1	2.049		
	合计	2 621	5.95	1.984		2.052		
学生参与	论文型	462	4.82	2.408	4	1.875	5.219	0.000
	讲授型	560	4.68	2.338	2	1.826		
	调研型	566	4.53	2.264	1	1.626		
	课后习题型	710	4.96	2.480	5	1.755		
	课堂练习型	331	4.71	2.355	3	1.748		
	合计	2 629	4.75	2.375		1.770		
期望教学行为	论文型	451	25.83	1.987	2	7.394	4.540	0.001
	讲授型	549	25.89	1.991	3	7.751		
	调研型	551	26.22	2.017	4	7.045		
	课后习题型	698	26.45	2.034	5	7.107		
	课堂练习型	327	24.44	1.880	1	7.075		
	合计	2 576	25.92	1.994		7.302		

（四）四因素对于期望教学行为的影响分析

表 5-29 给出了四大公因子对大学生们期望高校教师改善教学行为的影响程度大小，正负号只说明影响是正向和反向作用。笔者将对教学行为有重要影响的因子重点标出（对应系数加粗表示）。

表 5 - 29 大学生需要教师行为的因子得分系数矩阵表

期望教学行为描述	反思学习	理解学生	课业评价	学生参与
1 教师鼓励学生反思自己的感受、态度和行为	0.535	-0.141	-0.223	-0.048
2 教师允许学生积极参与决定学习内容和学习方式	0.392	0.003	-0.142	-0.108
3 教师帮助学生组织学习活动的内容和顺序	0.283	-0.131	0.113	-0.064
4 教师能从学生那里获得改进教学的建议	0.045	0.270	-0.024	-0.104
6 教师帮助学生选择和发展他们的学习方向	0.020	-0.108	0.431	-0.091
7 教师允许学生评估自己的学业成绩	-0.282	-0.059	0.681	-0.057
8 教师帮助学生明确学生自己期望达到的以及教师帮助其实现的行为变化	0.053	-0.077	0.352	-0.071
9 教师鼓励学生创造自己的学习活动和学习材料	0.252	-0.207	0.095	0.105
10 教师为学生提供发展师生和谐关系的机会	0.033	0.326	-0.086	-0.068
11 教师首先关注的是学生的需要	-0.310	0.646	-0.033	-0.083
12 教师帮助每位学生意识到决心有助于实现个人的目标	-0.033	0.367	-0.164	0.073
13 教师用小组活动而不是讲演的形式进行教学	-0.125	0.066	-0.140	0.580
14 教师和学生一起设计学习单元	-0.080	-0.167	-0.046	0.681

Extraction Method：Principal Component Analysis.

Rotation Method：Varimax with Kaiser Normalization.

Component Scores.

具体可写成如下的回归方程，如表 5 - 31 所列示的第 4 种、第 7 种与第 13 种期望高校教师的教学行为：

学生提教学建议 = 0.045 反思学习 + 0.27 理解学生 - 0.024 课业评价 - 0.104 学生参与；

学生参与成绩评定 = - 0.282 反思学习 - 0.059 理解学生 + 0.681 课业评价 - 0.057 学生参与；

小组讨论式教学模式 = - 0.125 反思学习 + 0.066 理解学生 - 0.14 课业评价 + 0.58 学生参与。

通过上述回归模型，我们看到教师在授课过程中每提高 1 单位的"反思学习"，则平均可以提高 0.045 单位的学生教学建议，平均减少 0.282 单位的学生参与成绩评价和 0.125 单位的小组讨论式教学模式；同理，每提高 1 单位的"理解学生"，则平均可提升 0.27 单位的学生提教学建议和 0.066 单位的小组讨论式教学模式，平均减少 0.059 单位的学生参与成绩评定；若"课业评价"每提升 1 单位，则平均减少 0.024 单位的学生提教学建议和 0.14 单位的小组讨论式教学模式，平均增加 0.681 单位的学生参与成绩评定；每提升 1 单位"学生参与"，则会平均减少 0.104 单位的学生提教学建议和 0.057 单位的学生参与成绩评定，平均增加 0.58 单位的小组讨论式教学模式。

七、常规教学行为与期望教学行为间的相关分析

在对中国高校的常规教学行为和期望教学行为分别描述，并进行相应因子分析与差异分析基础上，下面将两类行为汇总在一起，做相关分析。

（一）常规教学行为与期望教学行为的汇总分析

表 5 - 30 是将常规教学行为量表与期望教学行为量表进行汇总，无论是量表，还是层面的信度值均很高，说明所得结论可靠与稳定，并在做相关决策时，数据值得借鉴与参考。

表 5 - 30　教学行为量表汇总表

量表/层面名称	代号	题项数	信度值	平均数	标准差	每题平均得分
（一）常规教学行为量表	CTB	23	0.924	51.80	12.749	2.252
1. 学术训练层面	AT	6	0.836	14.20	4.217	2.367
2. 课件准备层面	CP	4	0.748	8.34	2.546	2.085
3. 分类教学层面	CT	4	0.729	8.22	2.421	2.055
4. 提问技巧层面	QS	4	0.731	9.05	2.868	2.263
5. 有效知识层面	EK	3	0.771	6.93	2.269	2.310
6. 板书教材层面	WT	2	0.456	5.01	1.603	2.505
（二）期望教学行为量表	ETB	13	0.878	25.93	7.302	1.995
1. 反思学习层面	RL	4	0.754	7.75	2.567	1.938
2. 理解学生层面	US	4	0.755	7.47	2.566	1.868

续表

量表/层面名称	代号	题项数	信度值	平均数	标准差	每题平均得分
3. 课业评价层面	AE	3	0.671	5.96	2.053	1.987
4. 学生参与层面	SP	2	0.671	4.75	1.769	2.375

注：CTB 为常规教学行为（Conventional Teaching Behavior）首字母缩写，ETB 是期望教学行为（Expected Teaching Behavior）首字母缩写。

数据编码时，在常规教学行为量表中，"1 = 总是，2 = 经常，3 = 有时，4 = 几乎没有，5 = 从来没有"；在期望教学行为量表中，"1 = 非常需要，2 = 比较需要，3 = 偶尔，4 = 不太需要，5 = 很不需要"。

从表 5 – 30 可以知悉：

1. 分类教学与课件准备是最常规的教学行为

就常规教学行为来说，其每题得分平均值为 2.252 分，表明 23 种教学行为均是中国高校教师在课堂上经常发生的行为。在此常规教学行为量表中，按照高校教师课堂教学中经常发生的顺序由高到低是：分类教学 > 课件准备 > 提问技巧 > 有效知识 > 学术训练 > 板书教材。

2. 理解学生是大学生们最迫切需要的教学行为

就期望教学行为来说，其每题得分平均值为 1.995 分，表明大学生们很需要教师在课堂教学中使用 13 种教学行为。在此期望教学行为量表中，按照大学生们期待教师改善教学行为发生的顺序由高到低是：理解学生 > 反思学习 > 课业评价 > 学生参与。

（二）层面间的相关程度比较分析

1. 常规教学行为间相关系数比较

表 5 – 31 告诉我们，高校常规教学行为中，"学术训练"与"有效知识"和"课件准备"的相关系数高达 0.66 和 0.637；"分类教学"则与"提问技巧"和"课件准备"的相关系数达 0.57 和 0.56；"提问技巧"则与"学术训练"和"有效知识"的相关系数达 0.624 和 0.6；"板书教材"对于整体常规教学行为的相关性最低，只有 0.617，在与其他 5 类教学行为相关系数比较中，有效知识 > 学术训练 > 课件准备 > 提问技巧 > 分类教学。

由此，我们知道，在高校课堂讲授过程中，教师与学生应需要使用"教科书"。

表 5 - 31　常规教学行为量表与层面的积差相关分析

层面		学术训练	课件准备	分类教学	提问技巧	有效知识	板书教材	常规教学行为
学术训练	相关系数	1	0.637(**)	0.550(**)	0.624(**)	0.660(**)	0.467(**)	0.879(**)
	双尾检验		0.000	0.000	0.000	0.000	0.000	0.000
	人数	2 656	2 634	2 637	2 644	2 648	2 648	2 594
课件准备	相关系数	0.637(**)	1	0.560(**)	0.560(**)	0.594(**)	0.447(**)	0.807(**)
	双尾检验	0.000		0.000	0.000	0.000	0.000	0.000
	人数	2 634	2 673	2 652	2 657	2 665	2 665	2 594
分类教学	相关系数	0.550(**)	0.560(**)	1	0.570(**)	0.550(**)	0.374(**)	0.756(**)
	双尾检验	0.000	0.000		0.000	0.000	0.000	0.000
	人数	2 637	2 652	2 675	2 660	2 669	2 667	2 594
提问技巧	相关系数	0.624(**)	0.560(**)	0.570(**)	1	0.600(**)	0.383(**)	0.807(**)
	双尾检验	0.000	0.000	0.000		0.000	0.000	0.000
	人数	2 644	2 657	2 660	2 681	2 672	2 673	2 594
有效知识	相关系数	0.660(**)	0.594(**)	0.550(**)	0.600(**)	1	0.508(**)	0.820(**)
	双尾检验	0.000	0.000	0.000	0.000		0.000	0.000
	人数	2 648	2 665	2 669	2 672	2 688	2 680	2 594
板书教材	相关系数	0.467(**)	0.447(**)	0.374(**)	0.383(**)	0.508(**)	1	0.617(**)
	双尾检验	0.000	0.000	0.000	0.000	0.000		0.000
	人数	2 648	2 665	2 667	2 673	2 680	2 689	2 594
常规教学行为	相关系数	0.879(**)	0.807(**)	0.756(**)	0.807(**)	0.820(**)	0.617(**)	1
	双尾检验	0.000	0.000	0.000	0.000	0.000	0.000	
	人数	2 594	2 594	2 594	2 594	2 594	2 594	2 594

** Correlation is significant at the 0.01 level (2 - tailed).

2. 期望教学行为间相关系数比较

表 5 - 32 显示，教师的"反思学习"与"理解学生"和"课业评价"的相关系数达 0.66 和 0.606；同时，"理解学生"与"课业评价"间相关性达

0.588；"学生参与"与"期望教学行为"的相关性最低，只有0.691。

表5－32　期望教学行为量表与层面的积差相关分析

层面		反思学习	理解学生	课业评价	学生参与	期望教学行为
反思学习	相关系数	1	0.660（**）	0.606（**）	0.468（**）	0.867（**）
	双尾检验		0.000	0.000	0.000	0.000
	人数	2 676	2 645	2 657	2 664	2 619
理解学生	相关系数	0.660（**）	1	0.588（**）	0.456（**）	0.857（**）
	双尾检验	0.000		0.000	0.000	0.000
	人数	2 645	2 655	2 638	2 645	2 619
课业评价	相关系数	0.606（**）	0.588（**）	1	0.437（**）	0.806（**）
	双尾检验	0.000	0.000		0.000	0.000
	人数	2 657	2 638	2 666	2 654	2 619
学生参与	相关系数	0.468（**）	0.456（**）	0.437（**）	1	0.691（**）
	双尾检验	0.000	0.000	0.000		0.000
	人数	2 664	2 645	2 654	2 674	2 619
期望教学行为	相关系数	0.867（**）	0.857（**）	0.806（**）	0.691（**）	1
	双尾检验	0.000	0.000	0.000	0.000	
	人数	2 619	2 619	2 619	2 619	2 619

（三）层面间的多元回归分析

假设高校课堂教学效果可以用大学生"学业成绩和是否获得奖学金"作为表征数据，那么，下面课题组将采用逐步多元回归分析方法，以大学生们的"学业平均成绩"和"奖学金获得级别"为因变量，以常规教学行为和期望教学行为为自变量做相应回归模型。由模型间关系以期得到影响大学课堂教学效果的关键性的教师行为，为改善或提高课堂教学质量做努力。

1. 学业平均成绩为因变量的模型及其解释说明

表5－33和表5－34表明，在10类教学行为中，只有"分类教学""板书教材""学术训练"三个常规教学行为和一个期望教学行为"学生参与"对大学生的"学业平均成绩"有显著性影响。

表 5 - 33　教学行为模型描述性统计

Model	R	R Square	Adjusted R Square	Std. Error of the Estimate	Change Statistics				
					R Square Change	F Change	df1	df2	Sig. F Change
1	0.125（a）	0.016	0.015	0.765	0.016	39.349	1	2 485	0.000
2	0.152（b）	0.023	0.022	0.762	0.008	19.224	1	2 484	0.000
3	0.165（c）	0.027	0.026	0.760	0.004	10.539	1	2 483	0.001
4	0.170（d）	0.029	0.027	0.760	0.002	4.240	1	2 482	0.040

Predictors：（Constant），分类教学

Predictors：（Constant），分类教学，板书教材

Predictors：（Constant），分类教学，板书教材，学术训练

Predictors：（Constant），分类教学，板书教材，学术训练，学生参与

表 5 - 34　模型的独立样本方差分析

	Model	Sum of Squares	df	Mean Square	F	Sig.
1	Regression	23.011	1	23.011	39.349	0.000（a）
	Residual	1 453.187	2 485	0.585		
	Total	1 476.198	2 486			
2	Regression	34.171	2	17.085	29.431	0.000（b）
	Residual	1 442.027	2 484	0.581		
	Total	1 476.198	2 486			
3	Regression	40.265	3	13.422	23.209	0.000（c）
	Residual	1 435.932	2 483	0.578		
	Total	1 476.198	2 486			
4	Regression	42.714	4	10.679	18.489	0.000（d）
	Residual	1 433.484	2 482	0.578		
	Total	1 476.198	2 486			

Predictors：（Constant），分类教学

Predictors：（Constant），分类教学，板书教材

Predictors：（Constant），分类教学，板书教材，学术训练

Predictors：（Constant），分类教学，板书教材，学术训练，学生参与

Dependent Variable：学业平均成绩

表5－35展示了4个回归模型，以第四个模型为例，即学业平均成绩＝2.228＋0.039分类教学－0.055板书教材＋0.017学术训练－0.019学生参与，此模型揭示了，中国高校课堂教学过程中，教师的"分类教学"与"学术训练"两大类教学行为与教学效果提升处于同向变动，而"板书教材"与"学生参与"则是反向变动。这个结论与我们一直倡导，打破课堂沉默需要"学生参与"的思想相背离。

表5－35　模型回归系数值及其显著性检验表

Model		Unstandardized Coefficients		Standardized Coefficients	t	Sig.	Collinearity Statistics	
		B	Std. Error	Beta			Tolerance	VIF
1	(Constant)	2.103	0.055		38.523	0.000		
	分类教学	0.040	0.006	0.125	6.273	0.000	1.000	1.000
2	(Constant)	2.240	0.063		35.730	0.000		
	分类教学	0.051	0.007	0.159	7.467	0.000	0.865	1.157
	板书教材	－0.045	0.010	－0.094	－4.385	0.000	0.865	1.157
3	(Constant)	2.181	0.065		33.488	0.000		
	分类教学	0.039	0.008	0.124	5.178	0.000	0.685	1.460
	板书教材	－0.057	0.011	－0.118	－5.234	0.000	0.765	1.307
	学术训练	0.015	0.005	0.082	3.246	0.001	0.620	1.612
4	(Constant)	2.228	0.069		32.301	0.000		
	分类教学	0.039	0.008	0.124	5.169	0.000	0.685	1.460
	板书教材	－0.055	0.011	－0.113	－4.983	0.000	0.756	1.323
	学术训练	0.017	0.005	0.094	3.632	0.000	0.588	1.700
	学生参与	－0.019	0.009	－0.043	－2.059	0.040	0.881	1.136

a　Dependent Variable：学业平均成绩

课题组认为，在有限的课堂教学过程中，如果将教学时间用于"小组活动等学生参与"和"在黑板上标写重点内容"，那么将会缩短理论知识与前沿研究成果的讲授时间，导致教学内容的"矮化、简单化"现象的发生，以致大学生对于本门课程理解深度上出现问题，从而影响学业成绩。

2. 奖学金级别为因变量的模型及其解释说明

课题组以大学期间获得奖学金最高级别作为大学生"学习能力"获得水平的衡量指标，表5-36与表5-37表明，"提问技巧""分类教学""课件准备"三种常规教学行为对于大学生未来"学习能力"的获得有重要影响作用。

表5-36　教学行为模型描述性统计

Model	R	R Square	Adjusted R Square	Std. Error of the Estimate	Change Statistics				
					R Square Change	F Change	df1	df2	Sig. F Change
1	0.087（a）	0.008	0.007	1.088	0.008	19.660	1	2 579	0.000
2	0.098（b）	0.010	0.009	1.087	0.002	5.219	1	2 578	0.022
3	0.110（c）	0.012	0.011	1.086	0.002	6.329	1	2 577	0.012

a　Predictors：(Constant)，提问技巧

b　Predictors：(Constant)，提问技巧，分类教学

c　Predictors：(Constant)，提问技巧，分类教学，课件准备

表5-37　回归方程差异性检验

	Model	Sum of Squares	df	Mean Square	F	Sig.
1	Regression	23.011	1	23.011	39.349	0.000（a）
	Residual	1 453.187	2 485	0.585		
	Total	1 476.198	2 486			
2	Regression	34.171	2	17.085	29.431	0.000（b）
	Residual	1 442.027	2 484	0.581		
	Total	1 476.198	2 486			
3	Regression	42.714	4	10.679	18.489	0.000（c）
	Residual	1 433.484	2 482	0.578		
	Total	1 476.198	2 486			

a　Predictors：(Constant)，提问技巧

b　Predictors：(Constant)，提问技巧，分类教学

c　Predictors：(Constant)，提问技巧，分类教学，课件准备

Dependent Variable：奖学金最高级别

表 5 - 38 展示了三个回归模型，以第三个模型为例，即获得奖学金最高级别 = 2.56 + 0.03 提问技巧 + 0.035 分类教学 - 0.027 课件准备，该模型揭示了，大学生在大学期间获得的最高等级的奖学金，与教师在课堂教学中的"提问技巧"和"分类教学"两大类教学行为呈同向变动趋势，而与"课件准备"呈反向变动趋势。

表 5 - 38　模型回归系数值及其显著性检验表

Model		Unstandardized Coefficients		Standardized Coefficients	t	Sig.	Collinearity Statistics	
		B	Std. Error	Beta			Tolerance	VIF
1	(Constant)	2.592	0.072		36.221	0.000		
	提问技巧	0.033	0.008	0.087	4.434	0.000	1.000	1.000
2	(Constant)	2.497	0.083		30.234	0.000		
	提问技巧	0.022	0.009	0.056	2.355	0.019	0.677	1.476
	分类教学	0.025	0.011	0.054	2.285	0.022	0.677	1.476
3	(Constant)	2.560	0.086		29.693	0.000		
	提问技巧	0.030	0.010	0.079	3.101	0.002	0.591	1.693
	分类教学	0.035	0.011	0.078	3.041	0.002	0.589	1.697
	课件准备	-0.027	0.011	-0.064	-2.516	0.012	0.593	1.686

a　Dependent Variable：奖学金最高级别

课题组认为，大学生"学习能力"的培养与训练，主要依靠在课堂教学过程中，教师有效的教学模式策略组合，即适宜的"提问技巧"和有效的"分类教学"，而精心并长时间筹备的"课件"则会影响大学生们"学习能力"的取得。

第六章

中国高校本科课堂教学内容的
调查与分析

笔者于 2013 年 10 月 31 日—2013 年 11 月 12 日对首都经济贸易大学 2010 级人力资源管理辅修班全体同学做了有关"专业教材与非专业教材"情况调查。调查结果显示，对于非教材书目而言，有三成同学认为所推荐书目应有助于加强与教师交流，达到拓展自我思维的目的；有四成的同学希望所读书目可以提高本门课程专业知识的理解与应用；二成同学认为经典书目没必要非得跟课程学习相关，只需配得上"经典"二字即可。这从另一角度说明，同学们渴望得到教师们对他们的个性化指导。本次调查还发现"想读书"的同学是"不想读书"同学的三倍（参见图 6－1），这说明我们任课教师在新学期伊始布置给大学生们的阅读书目还是深受同学们的认可与欢迎的。

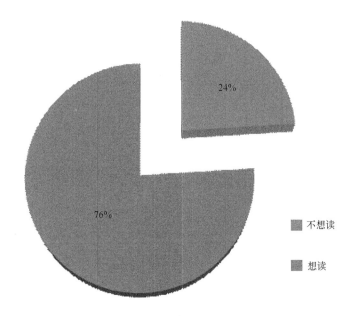

图 6－1　是否想读书的同学比例分布图

　　2013 年 4 月份笔者作为评委参加研究生复试面试，许多参加复试的准研究生们竟然回答不出一个问题，即"除去专业课本外，请说出一本对你最有影响的著作"。而笔者所在学院已经进行两年针对大学本科生的经典阅读意识的训练，这就更加凸显那些准研究生们知识广度与常识的贫乏。

一、"经典阅读"意识重建的必要性分析

一门学科之所以能形成自己独特的学科体系，关键因素之一是它具备能支撑该学科架构的经典著作。刘知几在《史通·叙事》中将"经典"界定为"自圣贤述作，是曰经典"。但在当前社会浮躁和急功近利的大环境下，多数家长甚至多数老师只关心学生的升学、就业，眼睛盯着分数、名次和工作的好坏，往往忽视了学生人文素质的养成，从而致使大学生们的人文教育被其专业教育所遮蔽，经典越来越没有人读，被迫沦为"闲书"，尤其是对理工科学生来说，这类"闲书"不仅对升学就业无益，而且会浪费时间。

我们都认同大学教育的理念，即大学教育是一种博雅教育，不是制造一种器具，也不是职业培养的教育基地，它应是培养全面发展大学生的摇篮。但是在高等教育实践中却时有偏废。"'制器'将人置于非人的地位，忽视人的感情、个性和思想，只注重技术的掌握，使人成为灵魂缺失的工具，沦为满足物质欲望的手段，失去人文引领，少有精神追求。"[1]

无论是自然科学还是人文科学，经典著作在其内容深处都体现着人们对其时代生活方式的反思，从而在其终极意义上对人进行思想教化和影响，这与当今大学生人文素质养成及思想政治教育有"异曲同工之妙"。

易中天先生在《我们为什么要读经典?》中曾说过："先秦诸子中，我们可以从孔子那里读到一颗爱心，构建和谐；在孟子那里读到一股正气，平治天下；在墨子那里读到一腔热血，救助苦难；在韩非那里读到一双冷眼，直面人生；在老子那里读到生活辩证法；在庄子那里读到艺术人生观；在荀子那里读到科学进取心。"

因此，我们的高等教育有必要对大学生进行经典阅读意识的重建教育。这也令笔者意识到，高校教师与大学生们在课堂教学内容的来源是否多样化以及大学生对于专业教科书和非专业教材类课外读物的看法与态度是怎样的，因为教材是影响课堂教学质量的最为重要的因素之一。

---

[1] 丁剑刚，王生钰. 试论经典阅读的目的与方法 [J]. 山西大学学报，2003 (5).

二、高校师生对于教科书的态度调查

(一) 就教师而言，教科书仅是课堂教学内容的参考

高校课堂教学与中小学课堂教学有何不同，这主要体现在教师对待教科书的态度上。对于中小学的教师而言，受统一教学大纲的影响，更多的是按照教科书的编排顺序与内容来讲解。而高校课程的教学大纲更多是由任课教师所做，即没有统一的教学大纲做指导，因此，高校任课教师所使用的教材五花八门，即便讲解同一门课的不同教师，课程内容也不会完全相同。表6-1已经告诉我们，高校教师对于教科书的态度，主要是部分参考，更多的是由教师通过案例、模拟实验等手段，来提升大学生对于课程的理解深度与广度。

表6-1　高校教师对待教科书的态度表　　有效频率单位:%

教师对专业教科书使用习惯	频数	有效频率	教师使用教科书频率与课堂有效性
不用，但课程讲解清楚明白	454	17	低频，有效
依赖，像药方般遵守	257	9.6	高频，无效
参考，补充实例	1 782	66.8	高频，有效
不用，无法讲清课程	175	6.6	低频，无效

(二) 就教师而言，教科书不是课堂教学内容的唯一来源

表6-2告诉我们，本科课程内容主要来自于教师提供的教材，占样本群体中63.3%的大学生的任课教师会提供1~3本专业教材，同时，占样本群体47.6%的大学生的任课教师还会提供1~3本非教材类的课外读物，比如相关理论专著、论文、研究报告、咨询报告、小说等。

令笔者感叹的是：超过33%[1]的大学生样本群体认为，他们的课程由专任教师提供4本及以上的专业教材；有44.6%的大学生样本群体认为，任课教师还需要他们阅读4本及以上的非教材的课外读物。这也从另一角度，说明表6-1所显示的高校教师对待教科书的态度，不以教科书为唯一指导教学

---

① 该频率由（632 + 170 + 92）/2 685 × 100%计算所得。

内容的工具，通过从不同教材中汲取营养，不但可以丰富课程内容，而且还可以训练并增强大学生阅读与思考能力。

表6-2告诉我们，占样本总量52.3%的大学生认为其任课教师会在授课前要求他们拥有1~3本专业教材和1~6本非专业教材课外读物作为课堂学习内容的主要参考资料。在专业教材为指定的1~3种之间的任课教师中，有36.8%的任课教师还要求他们的学生阅读1~3本非教材类资料，有15.5%的要求阅读4~6本非专业教材类课外资料。

表6-2 本科课堂教学内容来源表

课程老师推荐的教材数量		课程老师推荐的非教材类课外阅读数量					合计
		0本	1~3本	4~6本	7~10本	10本以上	
0本	频数	44	28	14	2	3	91
	行有效频率	48.4%	30.8%	15.4%	2.2%	3.3%	100.0%
	列有效频率	21.2%	2.2%	1.9%	0.7%	1.6%	3.4%
	占样本总量的	1.6%	1.0%	0.5%	0.1%	0.1%	3.4%
1~3本	频数	132	988	415	105	60	1 700
	行有效频率	7.8%	58.1%	24.4%	6.2%	3.5%	100.0%
	列有效频率	63.5%	77.3%	56.3%	37.9%	32.4%	63.3%
	占样本总量的	4.9%	36.8%	15.5%	3.9%	2.2%	63.3%
4~6本	频数	23	228	247	99	35	632
	行有效频率	3.6%	36.1%	39.1%	15.7%	5.5%	100.0%
	列有效频率	11.1%	17.8%	33.5%	35.7%	18.9%	23.5%
	占样本总量的	0.9%	8.5%	9.2%	3.7%	1.3%	23.5%
7~10本	频数	5	20	53	59	33	170
	行有效频率	2.9%	11.8%	31.2%	34.7%	19.4%	100.0%
	列有效频率	2.4%	1.6%	7.2%	21.3%	17.8%	6.3%
	占样本总量的	0.2%	0.7%	2.0%	2.2%	1.2%	6.3%
10本以上	频数	4	14	8	12	54	92
	行有效频率	4.3%	15.2%	8.7%	13.0%	58.7%	100.0%
	列有效频率	1.9%	1.1%	1.1%	4.3%	29.2%	3.4%
	占样本总量的	0.1%	0.5%	0.3%	0.4%	2.0%	3.4%

续表

课程老师推荐的教材数量		课程老师推荐的非教材类课外阅读数量					合计
		0 本	1~3 本	4~6 本	7~10 本	10 本以上	
合计	频数	208	1278	737	277	185	2 685
	行有效频率	7.7%	47.6%	27.4%	10.3%	6.9%	100.0%
	列有效频率	100.0%	100.0%	100.0%	100.0%	100.0%	100.0%
	占样本总量的	7.7%	47.6%	27.4%	10.3%	6.9%	100.0%

（三）就学生而言，教科书是课堂内容最高权威的信息源

是不是全部由教师按照自己对于课程理解的内容，就是最受大学生们所欢迎的，或者说对于大学生们的专业理解是最好的课程呢？带着这样的疑问，笔者还做了以下调查，具体见表6－3。此处的教材与教科书含义相同。

表6－3　大学生们看待教材的态度表　　有效频率单位：%

教材的功能	频数	有效频率	排序	重要性（五级）
A 教材经过慎重编选，知识体系合理，内容科学，为学生提供了最高权威的信息源	1 499	55.5	1	★★★★★
B 教材作为课程物化的构成部分，体现着课程设计的目标和内容	1 079	40	3	★★★★
C 教师是主导，学生是主体，教材则是教师传授给学生知识的中介	1 117	41.3	2	★★★★
D 教材是联系课程设计和课程实施的重要环节	867	32.1	6	★★
E 教材是教师的辅助工具，指导着教学	999	36.9	4	★★★
F 教材是学生课下巩固知识的工具	981	36.3	5	★★★
G 对教师而言，教材只是作为一种教学工具，用来帮助师生交换意见和展开讨论	658	24.3	8	★
H 对学生而言，教材也仅仅作为一种辅助学习的工具，不是什么至高无上的考试宝典	780	28.8	7	★

从被调查的大学生视角来看，超过半数的大学生们均认为"教材经过慎重编选，知识体系合理，内容科学，为学生提供了最高权威的信息源"。这点

警示我们一线教师，不要完全抛开教材，自成一体，需要以所指定的教材为纲，通过改革相应的教学模式和丰富的教学手段，提高大学生们课堂参与度，以改善课堂教学质量和教学效果。

同样，"对教师而言，教材只是作为一种教学工具，用来帮助师生交换意见和展开讨论"，应该是那些不使用教材的高校教师内心写照，但是超过 3/4 的大学生群体都不赞同这种观点，毕竟能够完全抛开教材并有效驾驭课程体系的教师，还是凤毛麟角的少数人，而在这批教师成长的过程中，还是需要脚踏实地以教材为纲，讲授同门课程若干年后才可以做到所谓抛开教材、任意发挥的程度。这里的"任意"不是"随意"，而是这些教师已经将课程体系从有形变无形，因此，所授课程内容将不受具体教材的形式的影响，并且课程听课的有效性也达到最高。这是每一位高校教师希望达到的高度。

三、"经典进课堂"读书项目的调查与分析

这个项目是笔者所在的劳动经济学院为了促使课堂教学内容来源多样化而采取的一种手段，不知不觉，笔者已经连续参加了 4 期该项目，每一次，笔者均会对所提供的教材和非教材类阅读资料做深刻反思，每每都会令我更深刻地认识到教学内容来源多样性对于师生间的"教与学"的互动意义。

（一）何为"经典"

笔者认为，对于大学生所需要阅读的"经典"，应划分为两大类，最为典型的、被师生所接受的是"公共经典"，即具有原创性、集中体现人类精神精华并能够产生持续性影响力的著作。此类经典是经过历史的锤炼和文化的积淀而得以形成的，因而具有恒久不变的文化价值和艺术魅力。相对于整个书籍家族而言，公共经典永远是少数的，但其蕴涵的价值却远非其他书籍可比，人们总是可以在经典的启迪之下找到新的灵感，从而推动人类文化不断进步、不断创新。

而被国内相当大一批教师或同学所忽视的是"课程经典"，由于不同的学科领域（如自然科学、社会科学、人文学科）各有自己的研究范式，而在各个大学科范畴下又细分为专业，因此还有各种不同的与专业课程学习紧密相关的课程经典。这些堪称"课程经典"的著作，都有专业独特而非凡的思维

方式、价值体验和理想追求。但这些书籍更多地需要授课教师导引阅读，我们可以看到很多国内外一流高校的教师，每每在授课前均会布置大量的课程经典阅读任务，以达到拓展专业广度与深度的课堂教学效果。

（二）经典阅读与大学生就业能力养成互动关系

在 2011—2012 学年度第二学期，在"人事测评技术"课程中，笔者提前给学生们列示了十余本课程经典，以下笔者将结合学生所写读书笔记的效果来阐述经典阅读是如何促进大学生就业能力的养成。

在此，还需要对大学生就业能力做一界定，笔者较为认可以下两种有关就业能力的界定，它们分别是：Lee Harvey 指出就业能力不是一种结果，而是一种终身学习的能力和过程，不仅仅表现为使学生找到一份工作，还表现为使学生成为善于思考的人[1]。英国高等教育质量理事会（Higher Education Quality Council）曾经就"就业能力"的内涵展开讨论，他们认为，就业能力至少需要包括：①批判性思维能力；②应对复杂问题的能力；③有效的沟通能力，包括言语和书面；④与别人结为伙伴，有效地展开工作；⑤独立完成工作，特别是在执行研究项目和准备终身学习的时候；⑥毕业生应该以本领域的道德意识成为自我评判、具有反思性的实践者，并且能够有效地在更为广泛的社会领域中与别的学科展开互动。

1. 经典阅读与批判性思维能力的培养

经典阅读有三种结果，即：一是读而不懂，二是读了才懂，三是读后全懂，并懂得书上所没有的东西。大学生在最初阅读经典时，会较长时间地停留在第一种情况上，即表现为：在阅读中主观能动性差，不善于联想和深层次思考，读完也就完了。阅读的盲目性、随意性、被动性是大学生经典阅读最初阶段的显著特征。随着对经典书籍"重复性"阅读次数的增多，渐渐地会对书中所描写的问题或现象存疑，并能够利用自己已有经验知识和常识进行逻辑分析，从而得出肯定或否定的结论。而这一过程，就是大学生批判性思维训练与养成的过程。

带着批判性眼光去阅读经典是一个人成长、成才、成功的必不可少的条

---

① 文少保. 基于人才强国战略的我国大学生就业能力开发策略研究［J］. 现代大学教育，2006（1）：101–108.

件。这是因为经典阅读是生命的阅读、体验式阅读。在阅读那些伟大的作品的时候，需要融入个人的生命体验和主体情感。真正的阅读者，以阅读寻找活着的依据、存在的意义，体验生命的价值。也就是说在对经典阅读过程中，不同的读者可以有不同的理解，而这恰是经典阅读的"重复性阅读"意义之所在。

比如，学生们写得最多的是有关《史蒂夫·乔布斯传》的阅读笔记，绝大多数同学停留在对乔布斯生平描述及其个性特点的抓取，或与乔布斯素质特点迥异的同时代的计算机界奇才盖茨的对比分析，但袁秀秀同学"想要平凡地活到100岁，还是像乔布斯这样死去？"这样的题目很是吸引眼球，而且在对乔布斯的成功与失败的分析上，能够结合原文并配以自我思考，特别是二级标题鲜明醒目，这也是她的读书笔记被推荐发表的重要原因。

2. 经典阅读与沟通能力的培养

经典书籍之所以成为经典，不仅仅在于其独树一帜的思维模式，而且还在于其"研究方法"、"行文风格"与"语句用词"。张帆同学在研读《员工素质模型设计》一书时，不仅创造性利用一幅"思维地图"将全书的分析框架和分析要素有效整合在一起，而且体悟出本书写作手法中值得借鉴之处。最值得赞赏的是该同学并没有遵从于作者的观点，在某些地方敢于同作者叫板，这恰恰也是笔者要求同学们批判性看待经典书籍的原因，要结合自我的深度思考。

3. 经典阅读与人文精神、终身学习意识的培养

现代学者朱自清（1946）在《经典常谈》一书的序言中指出："在中等以上的教育里，经典训练应该是一个必要的项目。经典训练的价值不在实用，而在文化。"朱自清这里明确主张，研读经典不是为了达到某种实用的目的，而是出于文化发展的需要，更准确地说，是为了成就理想人格。

《人才战争》《学会生存——教育世界的今天与明天》《我在通用汽车的岁月》《大盛魁商号》也是有较多同学选择阅读的课程经典。同学们所写读书笔记令笔者感受到，同学们已从"浅阅读"向"深阅读"迈进，因为这些书籍要么精简但有深度，要么规模宏大但需较厚重的历史责任感，因此，值得细细品味。

现实中，经典阅读并不是一件轻松的事情，它需要我们的心沉静下来，甘于寂寞，看到各种与自我感受有出入的问题，要勤于查阅相关资料，做到

"研究性阅读"。另外，通过勤写读书笔记，从最初概括全书的内容和脉络，到记述自己的理解和感受，再到"创新性想法"的产生，这是一个持之以恒学习、体验与研读的过程，是培养大学生终身学习意识的有效途径。

总之，本学期的经典进课堂项目值得从大一新生开始抓起与推进，这样，经过大学四年"公共经典"与"课程经典"的熏陶，会大幅提升大学生学习能力，并加速大学生就业能力的养成。

（三）经典阅读与高校教师教学关系的探讨

1. 高校教师职业是一种专业

早在 20 世纪 60 年代，随着欧美高等教育逐步成为国家经济、科技和社会发展战略体系的核心，教育价值的重要性空前凸显，高校教育的质量、高校教师的水平也越来越受到关注。在这种大背景下，教师专业化、教师专业成长被提了出来。1966 年，国际劳工组织和联合国教科文组织在《关于教师地位的建议》中明确宣告教师职业是一种专业。教师被界定为一种"专业"，意味着教师成为一种包含有"专业知识、专业技能与专业情感"的专门化程度很高的行业。

在我国，1971 年中央教育审议会通过了《关于今后学校教育的综合扩充的调整的基本措施》，指出"教师职业本来就需要极高的专门性"，强调要确认教师职业的专业化。1975 年联合国教科文卫组织第 35 次国际会议通过了《关于教师作用的变化及其对于教师的职前教育、在职教育的建议》，强调指出教师职业作为专业，必须重视职前教育与职后培训的统一性和教师培养的终身化。这为教师专业发展的操作提供了指导性原则。

20 世纪 80 年代，美国一篇题为《救命！教师不会教》的文章，引起了公众对高校教师质量的担忧，从而拉开了高校教师专业发展的序幕。在"教师专业发展"的理想体系里，高校教师队伍不再是一个大杂烩，而是一个具有严格准入制度的"专门化"行业，并且在相当程度上，这个理想的体系已经越来越向现实的实践转化，这意味着"只要掌握某学科的各种技术，就能成为该学科高校教师"的假设将不再成立。

2. 基于海氏理论的高校教师岗位价值

经过长达 21 年学历教育的我们，在以往学习过程中，我们是人中之龙凤，作为出色学生的我们，是否在教学岗位上依然如此出色？

海氏认为：一个岗位存在的理由是必须承担一定的责任。其体系逻辑为：通过投入"智能"以解决"岗位中的问题"来获得最终的产出"责任"。

而笔者认为，高校教师岗位存在的理由是：高校教师通过投入"专业知识、专业技能、专业情感"以解决学生在"道、业、惑"上面的问题，来获得教师岗位上最终的产出"责任"，即令学生"学会应用、学会学习、学会做人"。

其中，教师专业知识包括：学科内容知识；一般教学法知识；课程知识；学科教学法知识；学生及其特性知识；教育脉络知识；教育目的目标、价值、哲学及历史渊源知识。

教师专业技能包括：教学的技能，即根据学生需要制订相应的教学计划、利用多种手段与学生进行交流的技能；课堂组织与管理技能，即组织管理课堂，保证正常教学，管理学生行为的能力；评价学生及进行反思、交流的技能。

教师专业情感的健全，是对教师价值信念的要求，是教师对教育教学产生的积极的情感。

图 6-2　高校教师岗位存在价值图

图 6-2 中的"学会应用"，强调大学生能够把所学知识应用于生活解决实际问题（效用之一：直接用、显性用）。只有能够被应用的知识，才能显示其价值和力量。

在这方面有个典型的案例：印度洋海啸发生的当天，一位 10 岁的英国小女孩和父母一起在泰国海滨浴场游泳，因提前发现海水中泡沫增多，凭着在学校里学到的知识，她意识到马上要发生海啸，并迅速将海啸即将发生的消息告诉了周围的人们，使得该浴场无一人伤亡。

"学会学习"指的是大学生在进行适应性学习的同时，还应进行创新性学习。其中，适应性学习强调"学会"，重在大学生接受知识、积累知识，以提高解决当前问题的能力；而创新性学习则强调"会学"，重在大学生掌握方法，主动探求知识，目的在于发展新知识、新信息以及提出新问题、解决新问题的能力。学会学习，它对学生的后续学习、终身学习影响更大（效用之二：长期用、终身用）。

"学会做人"，是指在让学生学科知识增长的同时，高校教师还要积极关注和引导学生的道德发展，进而使我们的教学过程成为学生健全人格与人生成长的体验场所。

3. 经典阅读与高校教师教学理念的互动关系

第一，经典阅读与教学终极目的间关系。教学要教给学生自己获取知识和技能、适应社会的方法和策略，要培养学生独立学习的意识和能力，善于在终身教育的学习化社会里发现知识信息的价值或作用，找到获取知识信息的途径和方法。而我们的大学生们在那些"具有原创性、集中体现人类精神精华、并能够产生持续性影响力著作"的启迪下，总是可以找到新的灵感，从而推动大学生们对于"知识和技能"价值的新认识，不断推动他们自我获取相关信息的内在源动力，由此达成我们的教学终极目的——教是为了不教。

第二，经典阅读与学生问题意识的激发关系。在2012—2013第一学期的"人事测评技术"课程中，笔者推荐给学生十余本"课程经典"，这些书籍都蕴藏着"人事测评"独特而非凡的思维方式、研究范式和价值体验。同学们在阅读此类书籍中，逐渐地意识到方法和方法论在学术学习与研究、解决实际问题中的重要作用，因此，在未来专业学习过程中，他们会更加重视本专业方法和方法论的学习。

在规范性方法论学习过程中，教师需要对同学们做有效引导，即在授课前需要认真布置相关课程经典阅读任务，在达到拓展同学们专业广度与深度的课堂教学效果的同时，还要引导同学们养成"带着问题学习，带着问题研究"的意识，而最为重要地，作为教师的我们，在引导学生阅读这些课程经典过程中，不断引导学生树立一个理念：有价值的研究源于有价值问题的提出。因此，经典阅读的训练不仅可以提高学生对问题的敏感性，而且还能有效帮助学生提出与本专业相关有价值问题的练习范本。

总之，长期的经典阅读训练可以有效增强学生的问题意识，培养学生不断探究问题的能力。

第三，经典阅读与大学全人教育的培训关系。大学教学既要使学生掌握科学技术，具有科学素质，又要让他们受到人文熏陶，具有人文精神和人文素养，有社会责任感，有民主、诚信、公正、平等、可持续发展等观念，讲究科学道德，了解科学伦理，善于用科学技术造福人类。

通过对大学生们经典阅读的训练，高校教师在传道授业解惑过程中，成就我们"全人教育"的理念，即教会学生"学会应用、学会学习、学会做人"。

（四）大学生经典阅读的实施效果分析

笔者于 2013 年 2 月—2013 年 5 月对首都经济贸易大学 2010 级人力资源专业班所有同学布置了"人事测评技术"经典阅读的任务，并且要求课程过半时必须提交阅读笔记。过去笔者这门课均是从第五个教学周才开始，而在本学期笔者特别要求从第一个教学周开课，三个班的课程集中在周一与周四，每周上两次课。

第一，时间效果。2012 年的经典阅读笔记提交时间，笔者均定为期末随同考试卷一并提交，但这样做有两个弊端，其一是无法知道教师所提修改建议，同学们是否认真考虑并体现在其阅读笔记上；其二是未能提供一个共有的公共开放平台，以供同学间就所读经典内容、体会及阅读技巧进行有效的分享。

2013 年笔者着力更改阅读笔记提交时间，并规定提交后一周由教师筛选出写得较为规范并有独特思想的笔记，在课堂上公开演讲，教师对此篇读书笔记做深度点评，在克服上述两项典型弊端的同时，令同学们体会到自己与优秀的读书笔记之间的差异，并进行第二次修改。

由于笔者所授课程多为从第五教学周开始，每每在笔者布置阅读书目作业时，"又来……""还有……"等等话语传递到笔者大脑中，笔者就知道这个班已将阅读非教材的书目视为重大负担之一。在这里，给我们所有教师提出两大问题：

其一，是不是增加非教材著作的阅读量，是每一门课程都必需的？

其二，对于每一个教学班，同一学期中，到底多少门课程需要增加非教材的阅读任务？想要了解一个班，课程经典容量只需测算出平均一门课程占同学们工作时间比例有多大即可。

表6-4　读书笔记劳动时间测定表

经典阅读时间	频率	读书笔记写作时间	频率	读书笔记二次修改时间	频率
2 天	4%	1 天	8%	0 天	4%
3 天	8%	2 天	44%	1 天	28%
5 天	12%	3 天	20%	2 天	32%
7 天	16%	4 天	4%	3 天	16%
8 天	20%	7 天	12%	4 天	4%
10 天	40%	10 天	12%	5 天	12%
				7 天	4%

　　通过表6-4，经过加权后的结果为：经典书目阅读时间为7.64天，读书笔记初次完成写作时间为3.76天，读书笔记二次修改时间为2.44天，总和为13.84天，约为14天。按一学期17教学周看，除去考试前一周的期末复习周和8个教学周用于同学们其他课余活动外，在有限的两个月中，一个教学班最大课程容量为4门课；若只除去4个教学周用于同学们其他活动外，在经典读书活动的三个月中，一个教学班最大允许的课程容量为6门课。

　　第二，分数效果。就笔者而言，在每一门课程中所推荐的经典书目，不仅是对课程理论应用的深化，而且还有许多是课程理论的发展性知识，因此，笔者并不要求同学们对整本书都能做深度思考并能结合自我理解写出个性化论文，只需要对其中某一种方法或某一章节内容能够结合现实即可。特别是笔者要求提交笔记时间为本课程开课一个月之后，之后会给予必要点评，找出其中优秀的在课堂中加以分享，由于读书笔记分数是公开的，所以不满意分数的同学在借鉴优秀读书笔记报告形式与内容的基础上，可以提交二次或三次修改的读书笔记，直到达到他们认为满意的分数为止。

　　在这样一次次的修改过程中，必然教师的工作量是加大的，不过同学们所受到的写作训练与指导也是实实在在的。这也是体现我们教书育人本质的一方面。

　　图6-3是同学们认为读书笔记应该占总评成绩的分数比例值，我们发

现，他们认为读书笔记分数应占最终课程总评分的 30% ~ 35%，其次是 35% ~ 40%。在占总分的 30% ~ 40% 范围内，才真正体现笔记的劳动价值，特别是对教师判断同学们知识把握与理解上有作用。

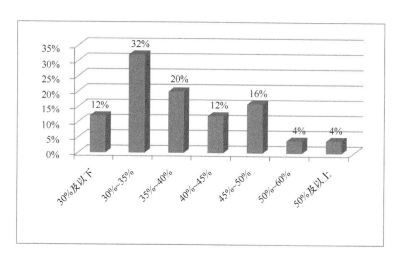

图 6 - 3　读书笔记分数建议图

第三，内容效果。纵观本次笔者给出的 9 本课程经典书目，不同班级的阅读兴趣也不同（见表 6 - 5）。

表 6 - 5　经典书目阅读笔记人数与有效频率表

课程经典书目名称	10 人实（40 人）	10 国人（33 人）	10 人力（44 人）
《笑着离开惠普》	18（45%）	5（15.2%）	14（31.8%）
《金钱不能买什么》	7（17.5%）	10（30.3%）	6（13.6%）
《信任的速度》	6（15%）	6（18.2%）	12（27.3%）
《鉴人智源（人物志）》	4（10%）	6（18.2%）	0（0%）
《心理类型》	2（5%）	1（3%）	1（2.3%）
《知识型人力资本胜任力研究》	1（2.5%）	0（0%）	0（0%）
《人事总监》	1（2.5%）	2（6.1%）	3（6.8%）
《向世界最好的医院学管理》	1（2.5%）	2（6.1%）	7（15.9%）
《我国管理者职业化胜任素质研究》	0（0%）	0（0%）	1（2.3%）

表6-5告诉我们，我国第一部系统的人事测评理论专著《鉴人智源》，117人中只有10人去阅读并写出读书笔记，究其原因，一方面由于文言文的写作方式，导致同学们阅读困难；另一方面，要紧密联系所学的现代人事测评技术，致使那些不愿意进行研究性阅读的同学放弃对此文的写作。但是通过荣钦玉、赵丽红两位同学对本书阅读心得的分享，使同学们加深了对此经典著作的阅读兴趣。在此特别提出，荣钦玉同学的阅读笔记通篇是用唯美的文言文写成，让同学们深刻感受到中国古代言简意赅的叙述方式的美。

　　表6-5还告诉我们，排在前三位的经典阅读书目分别是《笑着离开惠普》《信任的速度》《金钱不能买什么》，这三本书均从专业人力资源视角、人事测评视角与哲学视角启迪同学们对本学期所学知识的理解与应用；而最不受同学们欢迎的三本经典阅读书目分别是《我国管理者职业化胜任素质研究》《知识型人力资本胜任力研究》《心理类型》，这三本书均是方法论方面的书籍，特别是《知识型人力资本胜任力研究》这本书，借助实际数据将当前有关胜任力素质模型构建的所有方法与技巧整合在一起，但阅读此书需要一定的数学功底，同学们知难而退。

　　现实中，经典阅读并不是一件轻松的事情，它需要我们的心沉静下来，甘于寂寞，看到各种与自我感受有出入的问题，要勤于查阅相关资料，做到"研究性阅读"。另外，通过勤写读书笔记，从最初概括全书的内容和脉络，到记述自己的理解和感受，再到"创新性想法"的产生，这是一个持之以恒学习、体验与研读的过程，不仅是培养大学生终身学习意识的有效途径，而且还是培养大学生们就业能力养成的有效途径。

第三部分 教科书的使用水平与本科课堂教学效果间关系研究
——基于"人事测评技术"课程的调查

由于现代网络技术的高度发展，使得人与人之间信息传递速度远快于过去，特别是微信朋友圈的使用，每逢高考学生填写志愿时，各个高校均使出浑身解数以说明自身教学质量过硬，可以培养出高素质的大学毕业生。高考生的家长们也不再纠结于录取分数的高与低，而是不断咨询高校教学质量与所培养学生的就业质量状况，他们从专业设置到师资力量、从教学水平到教学效果询问着各高校的招生教师。同时，教育部不断出台各种举措以应对外界对于中国高校教学质量的质疑，特别是自 2003 年以来的大学生就业难又不断倒逼着高校加大对"本科生课堂 100 分钟教学效果"的追索与改革力度。

众所周知，教师、学生和教材构成教学三大基本要素，三大要素之间相互作用影响着"教学效果"。但目前的绝大多数研究着眼点集中于"学生"这一要素，其次是有关"教师"要素的研究，而对于"教材"的研究鲜有涉及。因而，我们不妨换一个视角，将研究重心首先集中于本科课堂中的当堂教学效果和教学效率，从课堂 100 分钟要效率、要结果，这可以使我们从课堂上到课堂下一步步探寻影响课堂教学效果的关键因素，这也正是本部分写作的出发点之一。

进一步缩小我们研究视角，每到学期末，每位教师均要填写下一学期授课计划，其中重点标注出所授课程的"教科书"。作为课程的重要物化形式和载体，教科书是教材家族中比重最大、使用范围最广、作用最大、内容也最为成熟的一种形态。正如中国台湾学者黄政杰所说："教科书在教学过程中具有举足轻重的地位，但是优良的教科书并不保证优良教育品质的产生，因为其中尚牵连到教科书如何运用的问题。"作为一线高校教师，经常编著自己所授课程的教科书,但即便使用自己编写的教科书,有时也常常令学生找不到任课教师所授理论的出处,因此,本部分研究的第二个出发点就是"高校教师教科书使用水平"与"课堂教学效果"之间的关系的实证研究。

第七章

高校本科课堂教学教科书使用水平的文献综述

一、"一课多书"带来选择的苦恼

（一）本科课堂需要有教科书的指导

表 7 – 1 中的加权平均数的获得，是通过令 5、4、3、2、1 分别作为"非常认可、比较认可、一般、比较反对、反对"的权重系数，与对应的有效频率相乘所得结果。我们发现，高校教师对于教科书使用的三种态度均获得大学生们很高的支持度。其中，高校教师应在维护教科书权威性基础上，不要被动依赖教科书，需要创造性使用它，特别是应不断反思课堂教学过程中的得与失，一方面可以积累教学实战经验，另一方面，还可以将与时代发展相背离的理论与方法做修正，抛弃教材中不恰当的事例或增加最新前沿学科内容，从而促进教科书的升级换代。

表 7 – 1　大学生对待教科书不同使用态度的比较表

高校教师使用教科书的论断	非常认可	比较认可	一般	比较反对	反对	加权平均数	大学生支持度
A 教科书需被忠实地执行，教师需要维护教科书的权威性	14.8%	27.2%	41.3%	11.4%	5.3%	3.348	中等偏上支持
B 教科书的设计需要符合大学生的学习需求，教师需要创造性地使用教科书	35.3%	47.6%	15.5%	1.5%	0.1%	4.165	很支持
C 反思教科书中的内容设计、目标要求、领域划分、案例选择等设置的合理性，教师应善于积累丰富的实践素材，为教材进一步修订提供实践依据和参考	47.8%	38.2%	12.8%	1.2%	0%	4.326	非常支持

（二）教科书的使用与不用的选择困境

显然，表 7 – 1 认为，本科课堂需要有教科书。但对于高校任课教师而言，不能忠实地按照教科书编排内容去讲解，意味着要吸收其他同类型教科书中的特长及其他著作或论文成果，以丰富课堂内容。由此带来的另一个问题，是针对大学生们的。

笔者于 2007 年 6 月编著面向本科生的教材"人事测评技术"，由中国劳动社会保障出版社出版，该教材直至现在依然被许多大学作为同类课程的必备教材之一。真正开始讲授同名课程，起始于 2011—2012 学年度，这是因为"人事测评技术"课程在该年度才被首都经济贸易大学劳动经济学院正式列入人力资源管理专业的培养计划方案中，该课程最初是以专业选修课进入人力资源管理专业课程体系中，两年后该课程升级为专业必修课，成为人力资源管理专业的核心课程之一。

表 7-2　笔者在"人事测评技术"课程中所参阅的部分教材一览表

序号	作者	教材名称	出版社	出版时间
1	郑安云、宋波	人才测评理论与方法	清华大学出版社、北京交通大学出版社	2005 年 3 月
2	边文霞	人事测评技术	中国劳动社会保障出版社	2007 年 6 月
3	孙宗虎、庄俊岩	人员测评实务手册	人民邮电出版社	2007 年 8 月
4	马欣川	人才测评——基于胜利力的探索	北京邮电大学出版社	2008 年 9 月
5	寇家伦	人才测评教程	中国发展出版社	2009 年 8 月
6	张文贤、董临萍	人才测评	科学出版社	2010 年 1 月
7	李永鑫、王明辉	人才测评	中国轻工业出版社	2010 年 1 月
8	张志红、王倩倩、朱冽烈	人才测评实务（第 2 版）	机械工业出版社	2011 年 1 月
9	张爱卿	人才测评（第二版）	中国人民大学出版社	2011 年 1 月
10	刘远我	人才测评——方法与应用（第 2 版）	电子工业出版社	2011 年 9 月
11	童天	人才测评	知识出版社	2013 年 2 月
12	赵曙明	人才测评——理论、方法、工具、实务	人民邮电出版社	2014 年 1 月
13	孙健敏	人力资源测评理论与技术（第 2 版）	首都经济贸易大学出版社	2014 年 3 月
14	王文成等	人员素质与能力测评	中国电力出版社	2014 年 7 月
15	徐世勇、刘亚军	人才素质测评	中国人民大学出版社	2014 年 7 月

尽管在编著教材时，笔者已经大量阅读相关专业书籍与期刊论文，但实际讲授过程中，受当时课堂授课时数、笔者所选择的课堂教学模式、学生学业评价方式的影响，教学内容均有变化，表7－2是笔者参阅较多的同类型教材。每每在学期的第一堂课上，笔者列出5本参阅教材时，学生们都陷入了一种教材选择恐惧症中，不得已，笔者只能指定本人编著的教材作为本门课的教科书。而在现实授课过程中，当笔者讲授了教科书中所没有的理论内容时，有时听到学生们的小声议论"老师讲的内容在书中哪页，你找到了吗？"总会令我陷入一种超越大纲讲授的困惑中。

　　笔者不止一次地对自己所授课程内容产生怀疑，怀疑是否超出本科三年级学生的理解范围？到底是依赖教科书的编排顺序讲授，还是追踪该门课程理论前沿？是更多地讲解实际操作技巧，还是讲授基础理论？是营造轻松的课堂气氛，还是追逐课堂理性与严谨性？

　　带着教科书选择困境的问题，笔者于2015年4月22日—2015年5月10日，进行了"人事测评"类课程学生学习态度及教科书使用水平的调查，有167所高校的大学生参与本次调查，所得结果对于奋战在教学一线的高校教师而言，均极具指导价值，当然更可以改进并提升笔者的教学质量。

二、教师对待教科书的使用态度综述

　　课堂教学效果受教师、学生与教材三要素相互作用，卢俊勇、陶青（2011）[①] 对教材、教学和教师三者之间的关系做了一个形象比喻：教材是个体经验通达种族经验的"地图"，教学是个体经验通达种族经验的"历程"，而教师则是个体经验通达种族经验的"向导"，起着引发兴趣、共同经验的中介作用。在教学过程中，教师如何使用"地图"，合理设计路线，将很大程度上影响学生是否能够经历一次快乐而又难忘的"旅行"。

（一）教科书的用与不用态度及其框架示意图

　　格兰特（Grant，1991）[②] 归纳了教师心目中的教科书作用，存在三种看

[①] 卢俊勇，陶青．教材、教学与教师之间的关系——论课堂教学中教师的中介作用 [J]．教师教育研究，2011（3）．

[②] Grant N. Making the most of your textbook [M]．New York：Longman，1991．

法："第一种，我不会用教科书，因为我比任何教科书的编者对我的学生的需要和特点都更了解；第二种，我进行教学时一定需要教科书，我把它当成处方一样，一页一页地翻看与遵守，这样做的话就不会出错；第三种，我觉得教科书很有用，很多时候会参考它进行教学，但又不全依赖它。"格兰特更指出教师使用教科书的 5 种方式：①使用（use）：直接使用教科书之方法与教材；②改编（adapt）：调整改编教科书之内容或方法；③更换（replace）：替换比较适合的教科书中练习的内容或方法；④省略（omit）：略过教科书中无关或不适当的练习；⑤补充（add）：对于教科书中不足的部分，补充额外的讲义。

Apple、M. W. & Christian – Smith、L. K（1991）[1] 提出了教科书使用取向，即受支配取向、协商取向和对抗取向。受支配取向使用教科书，会令教师仅根据表面价值来接受信息，即形成深度依赖教科书的状态；协商取向使用教科书，会令教师就教科书内的具体问题展开研讨，对教科书内容整体采纳，但部分略有调整趋势；对抗取向使用教科书，会令教师不受教科书的框限，在教学内容选择、内容呈现方式以及教学方法等方面表现出新颖性与适切性，即达到创造性地使用教科书的效果。

严家丽、孔凡哲（2014）[2] 用框架图的方式，清晰阐述了教科书使用的三种取向。图 7 – 1 为任课教师"忠实地"执行教科书，即教科书使用的受支配取向；图 7 – 2 为任课教师认为教科书只是对课程标准的一种解读，即教科书使用的协商取向；图 7 – 3 为任课教师认为课程标准自身也需要不断完善和发展，即教科书使用的对抗取向。

图 7 – 1　教科书使用的受支配取向模式图

① Apple, M. W. & Christian – Smith, L. K. The politics of the textbook［M］. London：Routledge, 1991：17.

② 严家丽，孔凡哲. 论"课程标准—教科书—教师"关系理解的三境界［J］. 中国教育学刊，2014（2）：39 – 43.

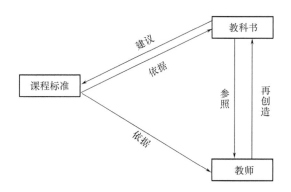

图 7 - 2　教科书使用的协商取向模式图

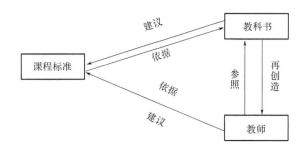

图 7 - 3　教科书使用的对抗取向模式图

（二）使用教科书教学可以保证教育的专业水准

王世伟（2011）[①] 在深入分析教师对教科书的三种取向表现行为的优势与劣势后，认为教科书毕竟是编者精心设计的教育内容与教学方法的载体，有重要的存在价值，具有一般的学习材料不具有的特性。与流行读物相比，它具有基础性、代表性、教育性、学术性、权威性等特点；与学术著作相比，它又具有趣味性、可接受性的特点；与一般的学习工具书相比，教科书具有基础性、概括性与简洁性的特点。因此，使用教科书教学，可以方便教师的教学，节省教师备课的时间，保证教育的专业水准。

---

① 王世伟. 调适教科书使用教科书的实然与应然取向之间的中庸之道［J］. 教师教育研究，2011，23（5）：43 - 49.

张莉、芦咏莉（2012）[①] 将"教师使用教科书水平"描述为"教师教材加工能力"，指"教师结合学校的实际情况和自身经验，在整个教学过程中，及时洞察学生的特点，运用不同形式的思维，对教材的内容进行分析、概括、生成与反思的能力"。从加工内容看，教师教材加工能力体现在本体性知识、条件性知识和实践性知识的差异；从加工过程看，教师教材加工能力反映了分析思维、实用思维和反思思维三种不同形式思维的作用；从加工主体看，个人或集体及他们在整个教学过程的不同组合形成了不同的加工主体。张莉、芦咏莉认为，教师教材加工能力的发展经历了从机械加工到常规加工，再到精细加工，直到创造加工的过程，具有个体性、能动性、创造性和发展性的特点。

三、教科书使用水平测量与评价模型综述

霍尔（G. Hall）、霍德（S. M. Hord）（2004）[②] 创建了"关注为本采纳模式"（Concerns – Based Adoption Model，简称 CBMA[③]），它包括三个工具：关心发展阶段、课程实施水平和革新构造。其中，关心发展阶段的纸笔问卷（Stages of Concern questionnaire，简称 SoC）用以测量实施者的关注程度。随着 SoC 的产生，霍尔等发现对实施进行评价时其实隐含了一个假设，即有了新课程材料、教学方法及教师培训等，就意味着教师已经实施了，而事实并非这样。随后提出了第二个测量工具，即课程实施水平测量工具（Level of Use，简称 LoU）。LoU 包括 7 个类别，即知识、获取信息、分享、评估、计划、观点陈述、执行状况，根据教师的课程实施水平不同，分 8 个级别打分。不过在具体实践中，怎样判断每个不同的实施者的实施水平变得十分困难，霍尔等为此又增加了第三个工具：革新构造（Innovation Configuration，简称

---

① 张莉，芦咏莉. 论教师的教材加工能力 [J]. 北京师范大学学报（社会科学版），2012（1）.

② （美）吉纳·E 霍尔，雪莱·M 霍德. 实施变革：模式、原则与困境 [M]. 吴晓玲译. 杭州：浙江教育出版社，2004：49.

③ CBMA 是建立在美国心理学家弗朗西斯·富勒（Frances Fuller）的工作之上，于 20 世纪 60 年代末在奥斯汀德克萨斯大学"教师教育研究与发展中心"被发展起来。1969 年她提出准教师职业发展的四阶段理论：教师由入职前的准教师发展成为有经验的教师一般都要经历"无关关注"（unrelated concerns）、"自我关注"（self concerns）、"任务关注"（task concerns）和"影响关注"（impact concerns）这四个阶段的过程。不同的教师在不同的发展阶段关注的焦点、关注的时间以及关注的强度可能不同，但总体上都经历这样一个顺序流程。后又经过霍尔等人于 1970 年到 1986 年间主要对中小学及大学变革研究的基础上总结提升形成。

IC）。IC 是对某一具体的实施变革的各种可能的情况进行描绘，并对此描述进行深入开发和应用。IC 也隐含着一个假设，即"几乎所有情况下，不同实施者操作的革新都会沿着一个连续体而发生变化"。

孔凡哲、史宁中（2008）① 根据 IC 检核表对教科书使用水平做出了很好的探讨，并编制出了测量教科书使用水平的检核工具（见表 7 - 3），另外对于评价标准中的水平做了明确定义说明（见表 7 - 4），通过参与促进教师使用教科书能力的提升，肯定了这个新检核工具的操作性及有效性。

表 7 - 3　教科书使用水平的测评评分表

评判的维度		相应的等级（自低到高分别赋值 -2，-1，0，1，2）				
		误用	机械使用	常规使用无新意	常规但有新意	创造性使用
维度一：理解、研究教科书	1）关于教科书所涉及的课程内容、目标要求的熟悉程度					
	2）对教科书的内容、结构、编排特色等的熟悉程度					
维度二：整合教科书	3）对教科书资源进行教学设计，备课（写教案）时，对于教科书编写意图的理解性					
维度三：运用教科书	4）对教科书整合的课堂表现，包括对教科书中的具体内容进行增加、替换、重组等具体处理的情况，以及课程教学目标的达成实效					
	5）对教科书潜在功能的发挥程度					
	6）对教科书的配套课程资源利用的适切程度					

① 孔凡哲，史宁中.教师使用教科书的过程分析与水平测定［J］.上海教育科研，2008（3）：4 - 9.

续表

评判的维度		相应的等级 （自低到高分别赋值 -2, -1, 0, 1, 2）				
		误用	机械 使用	常规使用 无新意	常规但 有新意	创造性 使用
维度四： 评判教科书	7）结合教科书的使用效果，对教科书进行评判和修正、完善的实际效果以及评判意识					

表7-4 教科书使用水平等级定义表

评定等级	等级名称	等级描述中的关键性行为
5级	有创意地 正确使用	1）教师能从知识体系、教科书的编写实际及学生的学习现状出发，正确判断教科书中的优点及存在的缺陷和不足，能针对教科书中的具体内容具体分析，进行增加、替换或重组，达到或者超过原有教学大纲中规定的目标，课堂效果非常理想 2）对教科书的理解正确无误 3）主动与他人合作，获取有关教科书使用的各种信息，善于收集教科书使用的各种可用资源，并加以恰当利用
4级	有些新意	1）较好地达到课程教学目标，并有意识地修补教科书中存在的一些不足，对教科书做出一些修改并有一定新意，但尚未娴熟 2）对教科书理解无错误 3）具备与他人合作互助，主动提升自己、解决有关教科书相关问题的初步意识和基本能力
3级	常规	1）基本正确使用教科书，理解错误率低于20% 2）已经形成使用教科书的相对稳定的模式和方法，不太愿意听取他人的意见来改善自己
2级	机械使用	1）几乎不花时间去研究教科书 2）照搬教科书上的内容编排，仅了解编者的字面要求而对深层要求和意图知之甚少 3）机械使用教科书上提供的素材，导致课堂教学陷入形式主义 4）错误理解率介于20%~50%之间，但错误的性质不严重

续表

评定等级	等级名称	等级描述中的关键性行为
1级	误用	1）不知道究竟如何利用教科书 2）对教科书的理解不知道对与错、正与误，只能照搬使用，理解错误率超过50%，导致明显错误

严加丽（2013）①认为"教师使用教科书"是一系列活动的统称，不是一个具体的动作，而是以教科书资源为主体、综合利用各种课程资源进行的有效教学、高效教学。针对孔凡哲（2008）模型缺陷，对教科书使用水平模型做进一步层次细化，得到教师每一节课的教学内容和教科书的使用关系细化图（见图7-4）。

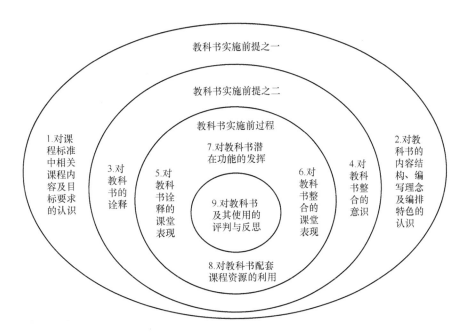

图7-4 教科书使用水平模型的层次关系细化图

其中，最外层表示的是实施教科书的前提之一，包括两个部分：教师对

---

① 严加丽."教师使用教科书水平模型"测定的过程分析［J］. 教育测量与评价（理论），2013（7）：29-35.

课程标准中的相关课程内容及目标要求的认识，教师对教科书内容结构、编写理念及编排特色的认识；第二层表示的是教科书实施前提之二，也包括两个部分：对教科书的诠释，对教科书整合的意识；第三层表示的是教科书实施过程，其包括 4 个部分：对教科书诠释的课堂表现、对教科书整合的课堂表现、对教科书潜在功能的发挥、对教科书配套课程资源的利用；第四层的内容是对教科书及其使用的评判与反思。

第八章

教科书的使用水平与课堂教学
效果间的实证分析

笔者于 2015 年 4 月 22 日—2015 年 5 月 10 日进行了"人事测评技术"类课程教学现状与教学效果的调查，面向 167 所中国高校的大学生发放 2 000 份调查问卷，回收 1 733 份，其中有效问卷 1 499 份，回收率 86.7%，有效率 86.5%。其中，首都经济贸易大学样本量为 465，占有效问卷的 31%。

一、"人事测评技术"类课程认知度测量与分析

　　笔者对"人事测评技术"的定义为"知人识事"的测量与评价理论与方法，其中"知人测评"为人才测评，就是对人的特种特征的测评，即对各类人员的知识技能、能力倾向、人格特征、身体素质等个体素质差异做出数量或价值判断的过程；而"识事测评"是胜任力测评，就是对不同类型特点、不同难易和繁简程度的事所需要的"做事者"的知识技能、能力倾向、身心素质等做出明确规定的过程。人事测评技术包含两个层面：一是基准性胜任力（Threshold Competency）即任职资格，易于通过教育和培训加以改变，主要依托工作分析方法来寻找；二是鉴别性胜任力（Differentiating Competency），可区别绩效优秀者与一般者，且在短期内较难改变与发展，主要依托行为事件访谈法来寻找。

　　通过对"人事测评技术"理论、方法、应用范围等的调查与分析，以期了解学习此类课程大学生们的学习效果，并由大学生们的学习效果间接反映出课程教师的教学效果。

（一）七成相同的课程认知

　　笔者收集了大学生们学习人事测评课程后的一些普遍认识，将此类题目作为对课程理解的一般描述，最后将表 8 – 1 中的有效频率分别乘以 5、4、3、2、1 这些对应权重得到加权平均数（5 = 非常赞成、4 = 比较赞成、3 = 一般、2 = 比较反对、1 = 反对）。

　　结果可以看到 18 个题项中 10 道题分值在 3.6 分以上，3 道题分值在 2.6 分以下，这表明大学生们对于这些言论有 13 题是有明确态度的，即赞成与反对，即课程认知达成一致的比率为 72%。

　　但依然有第 1、2、3、8、12 题处于中立偏赞成的态度。这项调查表明，"人事测评技术"类课程在不同的高校开设中，教师授课的偏重点尽管均有不

同，但对于"心理测量技术在人力资源管理的应用"这点持相同态度。

表8-1 "人事测评技术"课程认同比较表

有效频率单位:%

"人事测评技术"类课程描述题目	非常赞成	比较赞成	一般	比较反对	反对	加权平均数
1 人事测评技术核心就是问卷设计技术与问卷质量的检验技术	10.583	36.236	34.762	15.003	3.416	3.356
2 学会人事测评理论与方法就能针对测评素质设计适宜的测评题	7.143	45.127	34.179	11.883	1.669	3.442
3 人事测评方法就是招聘中选才时使用的那些方法，如笔试、结构化面试、心理测验、无领导小组讨论等	8.344	44.126	30.908	13.752	2.870	3.413
4 人事测评技术是一种通用的调查方法	16.032	46.693	29.993	6.747	0.468	3.709
5 人事测评的内容是岗位的胜任特征	13.588	47.791	31.995	6.225	0.402	3.679
6 人事测评技术是心理测量学与人力资源管理学的交叉课程	28.304	50.734	19.493	1.402	0.067	4.058
7 人事测评更重视采取综合、动态、自然的方式进行考核和选拔，测评过程更加科学，具有更高的信度、效度及预测性	34.960	47.126	15.307	2.206	0.401	4.140
8 人事测评量表就是由心理测验题目组成	8.021	24.398	38.770	22.259	6.350	3.049
9 人事测评是心理测量技术在人事管理领域的应用	23.640	48.623	25.185	2.082	0.403	3.928
10 人事测评是测量一个人基本素质的学科，心理测试能比较科学地了解一个人的基本素质	17.348	45.680	27.194	7.971	1.674	3.687
11 人事测评得分高的人素质特别高	4.476	14.562	26.453	37.675	16.834	2.522
12 若要做人事测评，被测试的心理活动必须正常	13.747	37.129	33.221	12.264	3.571	3.450

续表

"人事测评技术"类课程描述题目	非常赞成	比较赞成	一般	比较反对	反对	加权平均数
13 人事测评的具体内容、措施和标准等要因需而变，具有动态性	28.533	49.967	19.156	1.741	0.603	4.041
14 人事测评只能为人事决策提供一些参考信息，而不能取代用人决策	34.536	44.489	16.433	4.142	0.401	4.086
15 人事测评能够实现人力资源的优化配置	30.569	45.819	20.602	2.809	0.201	4.037
16 我想我未来的工作会用到人事测评	23.273	44.400	25.352	5.969	1.006	3.830
17 如果以后不从事人事工作，我觉得学习人事测评对我没有用	5.611	15.431	26.854	37.809	14.295	2.603
18 人事测评在实际生活中用处不大，不用这些测评技术，企业照样能很好地发展	3.741	13.761	21.042	41.750	19.639	2.400

（二）课程认知的因子分析

将有关18道课程认知题目删除第5、8、11、12、16题后，尽管KMO值由0.806降低为0.759，取量适当性量数大于0.7，说明适合做因子分析，而且Bartlett's Test也是显著的（参见表8-2）。

表8-2　KMO and Bartlett's Test

Kaiser - Meyer - Olkin Measure of Sampling Adequacy.		0.759
Bartlett's Test of Sphericity	Approx. Chi - Square	3320.876
df	78	
	Sig.	0.000

由于第17与18题，大学生有明确的不赞成态度，因此，为了做因子分析，将这两道反向题改为正向题，即"17 即使以后不从事人事工作，我觉得学习人事测评也是有用的""18 人事测评在实际生活中也是有用的，如果不用这些测评技术，企业不一定能够有很好的发展"，此时，将特征值大于1的

公因子提取出来，共有4个，我们发现公因子的可解释变异程度从50.5%提升至55.583%（参见表8-3）。

表8-3 "人事测评技术"课程认知因子解释总方差表

成分	初始特征值			提取平方和载荷			旋转平方和载荷		
	合计	方差百分比	累积百分比	合计	方差百分比	累积百分比	合计	方差百分比	累积百分比
1	3.028	23.293	23.293	3.028	23.293	23.293	2.417	18.591	18.591
2	2.084	16.027	39.321	2.084	16.027	39.321	1.738	13.369	31.960
3	1.105	8.502	47.823	1.105	8.502	47.823	1.587	12.204	44.164
4	1.009	7.761	55.583	1.009	7.761	55.583	1.485	11.420	55.583
5	0.874	6.726	62.310						
6	0.788	6.060	68.370						
7	0.736	5.660	74.031						
8	0.651	5.007	79.037						
9	0.643	4.944	83.981						
10	0.623	4.794	88.775						
11	0.564	4.338	93.113						
12	0.511	3.930	97.044						
13	0.384	2.956	100.000						

Extraction Method: Principal Component Analysis.

有关课程认知（Curriculum Cognition，以下简称为CC）的4个公因子分别是"理论认知"（Theoretical Cognition，以下简称为TC）"方法认知"（Method Cognition，以下简称为MC）"价值认知"（Value Cognition，以下简称为VC）"心理测评"（Psychological Assessment，以下简称为PA），参见表8-4。

表8-4 "人事测评技术"课程认知旋转因子矩阵表

题项描述	理论认知	方法认知	价值认知	心理测评
14 人事测评结果不能决定用人决策	0.749			
15 人事测评能够实现人力资源的优化配置	0.667			

续表

题项描述	理论认知	方法认知	价值认知	心理测评
7 人事测评更重视采取综合、动态、自然方式进行考核和选拔	0.623			
6 人事测评是心理测量学与人力资源管理的交叉课程	0.587			
13 人事测评的具体内容、措施和标准具有动态性	0.584			
9 人事测评是心理测量技术在人事管理领域的应用	0.515			0.475
3 人事测评方法就是招聘中选才时使用的那些方法		0.763		
1 核心就是问卷设计技术与问卷质量的检验技术		0.753		
2 学会它就能针对测评素质设计适宜的测评题		0.677		
17 即使不从事人事工作，我觉得学习人事测评也是有用的			0.867	
18 人事测评在实际生活中也是有用的，如果不用这些测评技术，企业不一定能够有很好的发展			0.854	
10 人事测评是测量一个人基本素质的学科，心理测试能比较科学地了解一个人的基本素质				0.779
4 人事测评技术是一种通用的调查方法				0.503

Extraction Method：Principal Component Analysis.

Rotation Method：Varimax with Kaiser Normalization.

a　Rotation converged in 5 iterations.

（三）4 因素对于"人事测评技术"课程理解的影响分析

表 8−5 中的数据是大学生们对于"人事测评技术"课程认知回归模型的系数，其中各个题项描述为因变量，而 4 大公因子为自变量。

表 8−5　4 大公因子对"人事测评技术"类课程认知行为的影响系数表

课程认知观点描述题项	理论认知	方法认知	价值认知	心理测评
1 核心就是问卷设计技术与问卷质量的检验技术	0.007	0.459	− 0.001	− 0.121
2 学会它就能针对测评素质设计适宜的测评题	− 0.079	0.366	0.070	0.208
3 人事测评方法就是招聘中选才时使用那些方法	− 0.010	0.478	0.079	− 0.105
4 人事测评技术是一种通用的调查方法	− 0.044	0.065	0.027	0.342

续表

课程认知观点描述题项	理论认知	方法认知	价值认知	心理测评
5 人事测评的内容是岗位的胜任特征	0.206	−0.057	−0.014	0.150
6 是心理测量学与人力资源管理学的交叉课程	0.252	−0.078	−0.046	0.074
7 人事测评更重视采取综合、动态、自然的方式进行考核和选拔	0.167	−0.161	−0.120	0.289
9 人事测评是心理测量技术在人事管理领域的应用	−0.163	−0.083	0.002	0.624
10 心理测试能比较科学地了解一个人的基本素质	0.257	0.120	0.090	−0.150
13 人事测评具体内容、措施和标准具有动态性	0.420	0.057	−0.080	−0.330
14 人事测评结果不能决定用人决策	0.314	−0.032	−0.092	−0.051
15 人事测评能够实现人力资源的优化配置	−0.093	0.040	0.583	0.042
17 不从事人事工作，学习人事测评也会有用	−0.050	0.062	0.571	−0.048
18 人事测评在实际生活中也是有用的	0.007	0.459	−0.001	−0.121

Extraction Method：Principal Component Analysis.

Rotation Method：Varimax with Kaiser Normalization.

Component Scores.

　　比如，对于"人事测评技术的核心是否是问卷设计与检验技术"这一观点，方法认知每增长一个单位，将提升该观点的认同度 0.459 个单位；心理测评技术每提升一单位，则对此观点的认同度将下降 0.121 个单位。至于对于人事测评技术的理论和价值认知对于该观点的认同度影响不大。

　　对于"掌握人事测评技术就能设计出适宜测评题"这一观点，随着人事测评理论认知的每深入一单位，对该观点的认同度将下降 0.079 个单位；方法认知、价值认知、心理测评技术认知每提升一个单位，该观点认同度将分别提升 0.366、0.07、0.208 个单位。这表明，越是理解人事测评理论，越能明白适宜的测评题目的设计难度；同样，越是掌握人事测评方法及心理测量方法，所设计出来的测评题目越是所要测评要素的代表性行为。

　　对于很多教师传授给同学们并被认为是对人事测评概念解释的观点，即"人事测评是心理测量技术在人事管理领域的应用"观点，表 8－5 显示，随着大学生们对于人事测评理论与方法认知每提升一单位，则该观点的认同度将分别下降 0.163 和 0.083 个单位；而随着对于心理测评技术的理解每提升一个单位，该观点的认同度将上涨 0.624 个单位。

谈到"人事测评技术是一门心理测量学与人力资源管理学交叉学科"观点时，我们发现同学们对于人事测评理论与心理测评技术的认知每提升一单位，则该观点的支持度将提升 0.252 和 0.074 个单位；人事测评技术方法和价值认知每提升一单位时，则该观点的支持度将下降 0.078 和 0.046 个单位。

（四）"人事测评技术"课程感受及对其应用范围的认知分析

1. 理论与实践相结合的讲授会提升大学生课堂体验成功感

67% 样本有人事测评技术应用于实践的经验，表 8-6 显示，有过应用人事测评经验的大学生在听同类型课程时，会更多地感受到乐趣与成功；而无应用经验的大学生，对此类课程则会感受到较为强烈的厌倦感。

表 8-6　课堂感受与人事测评实践经验的交叉分析表

课堂体验		无实践	有经验	总计
乐趣感	Count	164	402	566
	% within "人事测评技术" 课堂体验	29.0%	71%	100.0%
成功感	Count	57	182	239
	% within "人事测评技术" 课堂体验	23.8%	76.2%	100.0%
焦虑感	Count	46	72	118
	% within "人事测评技术" 课堂体验	39.0%	61.0%	100.0%
厌倦感	Count	60	71	131
	% within "人事测评技术" 课堂体验	45.8%	54.2%	100.0%
没感觉	Count	168	262	430
	% within "人事测评技术" 课堂体验	39.1%	60.9%	100.0%
总计	Count	495	989	1 484
	% within "人事测评技术" 课堂体验	33.4%	66.6%	100.0%

2. "设计调查问卷"是人事测评核心应用技术

图 8-1 展示的是参与调查的大学生们，对于人事测评技术应用范围的选择频数，我们发现 77% 的大学生认同"核心就是问卷设计技术与问卷质量的检验技术"这一课程应用范围；同时，78% 的大学生不认同掌握人事测评技术理论与方法（如无领导小组讨论）能够应付公务员考试。

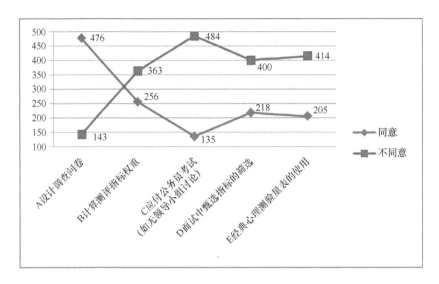

图 8 − 1　大学生对人事测评技术应用范围认同对比图

通过图 8 − 1，我们可以看出教师给大学生们讲授"人事测评技术"课程的核心内容主要是围绕调查问卷设计及指标权重计算方面，其次是测评指标的筛选与经典心理测验量表的应用，最后才是有关面试测评技术的应用。

二、"人事测评技术"类课程教科书使用水平的测量与分析

（一）六成强的大学生使用 1 ~ 2 本教科书

14% 的大学生在"人事测评技术"类课程中，使用了 3 本及以上的教科书；还有 22% 的大学生竟然没有教科书去课堂听课，64% 的大学生是使用 1 ~ 2 本教科书（见表 8 − 7）。

表 8 − 7　阅读与"人事测评技术"类课程相关教材数量

	教科书数量	频数	频率	有效频率	累积频率
Valid	0 本	330	22.0	22.0	22.0
	1 ~ 2 本	957	63.8	63.9	86.0

续表

教科书数量		频数	频率	有效频率	累积频率
	3～5 本	181	12.1	12.1	98.1
	6～9 本	28	1.9	1.9	99.9
	10 本及以上	1	0.1	0.1	100.0
	总计	1 497	99.9	100.0	
Missing	System	2	0.1		
Total		1 499	100.0		

（二）教科书使用水平的测度

　　教科书使用水平测评模型由 4 个维度 7 个指标构成：其中，第一个维度是理解并研究教科书，它的得分为指标 1 与指标 2 总评分数的均值（0.869）；第二个维度是整合教科书，它的得分就是指标 3 的总评分数（0.884）；第三个维度是运用教科书，它的得分为第 4～6 指标总评分数的均值（0.731）；第四个维度是评判教科书，它的得分就是第 7 个指标的总评分数（0.724）（见表 8－8）。而 4 个维度得分的均值（0.802）为该教科书使用者的水平度量，达到良好水平。

　　依据教科书使用水平模型的层次关系细化图（参见图 7－4），由表层到深层依次是：关系图中的表层指第一层与第二层，是实际使用教科书的前提条件，属于教科书使用测评模型第一维度。关系图中的中间层是指第三层实际的课堂实施教学过程中高校教师对于教科书功能与作用发挥水平的度量，其包括 4 个部分：对教科书诠释的课堂表现、对教科书整合的课堂表现、对教科书潜在功能的发挥、对教科书配套课程资源的利用，这是教科书使用测评模型第二维度和第三维度。关系图中核心层是指第四层对教科书及其使用的评判与反思，这是教科书使用测评模型的第四维度。

　　通过表 8－8，我们得知，"人事测评技术"类课程任课教师对于教科书使用水平，表层得分最高，达到良好标准，即高校任同类课程的教师对于所教授课程专业认识度与熟悉度均达到良好水平；但在实际课堂表现中，对于教科书实际与潜在功能的发挥上，得分最低，亟须加强。毕竟使用教科书教书类似于站在巨人的肩膀上，"站得高望得远"的常识不单单适用于学术论文写作中（文献综述），也适用于实际课堂教学中（使用教科书，而非无书任教）。

表8-8　"人事测评技术"类课程教科书课堂使用水平的测度评分汇总表

教师使用教科书测评指标		极差等级 错误使用	较差等级 部分误用	中等水平 常规使用	良好等级 部分修正	优秀等级 创造使用	总评 分数
		-2分	-1分	0分	1分	2分	
1）对教科书内容与教学目标的熟悉度	频数	17	70	429	497	458	0.888
	有效频率	1.2%	4.7%	29.1%	33.7%	31.1%	
2）对教科书结构与特色的熟悉度	频数	15	76	411	579	389	0.849
	有效频率	1%	5.2%	27.9%	39.3%	26.4%	
3）对教科书编写意图的理解度	频数	7	61	450	527	426	0.884
	有效频率	0.5%	4.1%	30.5%	35.7%	28.9%	
4）对教科书的课堂使用方式	频数	14	50	467	624	312	0.794
	有效频率	1%	3.4%	31.7%	42.4%	21.2%	
5）对教科书功能发挥度	频数	16	76	557	519	304	0.693
	有效频率	1.1%	5.2%	37.8%	35.3%	20.7%	
6）对配套课程资源的利用率	频数	11	75	523	576	280	0.707
	有效频率	0.7%	5.1%	35.6%	39.2%	19%	
7）对教科书不合理处的批判与反思度	频数	37	76	484	520	347	0.724
	有效频率	2.5%	5.2%	33%	35.4%	23.6%	

表8-9是课题组依托调查数据进行的维度压缩后的结果，这是因为这7个指标的 KMO 值达到 0.905，Bartlett's Test 中 Approx. Chi - Square 值为 4880.845（自由度为21），最终可解释程度达 69.472%，说明压缩后的两大维度可以有效解释教科书使用水平。

表8-9　评价指标四维度压缩为两大维度

教科书使用水平评价指标	使用效率	阅读效率
6）对配套课程资源的利用率	0.814	
5）对教科书功能发挥度	0.780	
4）对教科书的课堂使用方式	0.683	
7）对教科书不合理处的批判与反思度	0.651	

续表

教科书使用水平评价指标	使用效率	阅读效率
1）对教科书内容与教学目标的熟悉度		0.860
2）对教科书结构与特色的熟悉度		0.829
3）对教科书编写意图的理解度		0.668

Extraction Method：Principal Component Analysis.

Rotation Method：Varimax with Kaiser Normalization.

a　Rotation converged in 3 iterations.

显然这两个层次是有深浅划分的，其中深层为教科书使用效果维度，浅层为教科书阅读效果维度。这种划分是按照人思维过程中的正常活动顺序划分，例如：你拿到一本书，假设之前你并没有看过类似内容，第一步需要通读，即你要阅读浏览全书，才能熟悉该书思维框架及写作内容；第二步是写或想读后感，即对内容的使用及该书思想深意的反思。

表 8-10 中的 UL（Use Level）、UE（Use Effect）、RE（Reading Effect），其中信度值均超过 0.8，达到高信度要求，表明由两大维度测量任课教师使用教科书水平结论是稳定的、可靠的。再通过每题平均得分，发现高校教师需要加强教科书的使用效率。

表 8-10　"人事测评技术"类课程教科书使用水平量表汇总表

量表/层面名称	代号	题项数	信度值	平均数	标准差	每题平均得分
教科书使用水平量表	UL	7	0.888	5.61	4.925	0.801
1. 使用效率层面	UE	4	0.818	2.96	2.911	0.74
2. 阅读效率层面	RE	3	0.833	2.64	2.383	0.88

三、"人事测评技术"课程学习态度测量分析

（一）有效测量题目的筛选

大学生课堂"学习态度"测量题目共 21 题，原本问卷设计初始为"学习人事测评技术的热情"和"重视人事测评技术的应用价值"两个维度。但通

过对"人事测评技术学习态度量表"进行项目分析,得到每个题目的ITC值(Item – Total coefficient),笔者发现第6、7、18题的ITC值低于0.4,并且若将这些题项删除能提高题项内部一致性信度值。笔者将第6、7、18题全部删除后,发现"人事测评技术学习态度量表"的内部一致性信度从0.888提高至0.915。(参见表8 – 11、表8 – 12、表8 – 13)

表8 – 11 量表整体的 Cronbach's Alpha 信度检验值

Cronbach's Alpha	Cronbach's Alpha Based on Standardized Items	N of Items
0.888	0.891	21

表8 – 12 Cronbach's Alpha 信度检验中的统计数值

量表中具体题目描述	Scale Mean if Item Deleted	Scale Variance if Item Deleted	Corrected Item – Total Correlation	Squared Multiple Correlation	Cronbach's Alpha if Item Deleted
1 我认为人事测评是一门十分有趣的学科	49.49	98.992	0.637	0.532	0.879
2 我希望增强我的专业能力,学习更多的人事测评知识	49.72	98.736	0.672	0.541	0.878
3 我认为人事测评技术是十分有价值和必要的课程	49.79	99.356	0.627	0.482	0.879
4 我享受在学校学习人事测评技术的生活	49.30	98.275	0.650	0.523	0.878
5 除非必须,否则我可不想学更多的人事测评技术知识	49.38	98.978	0.566	0.489	0.881
6 我认为其他课程对人类的重要性比人事测评课程更大	49.06	106.197	0.210	0.277	0.891
7 我在人事测评技术课上的学习状态与其他课没什么区别	49.21	109.327	0.056	0.119	0.895
8 我不太愿意上"人事测评技术"课或与此相关的课程	49.49	100.395	0.554	0.514	0.881
9 我有兴趣去学习更多的人事测评知识	49.38	97.971	0.696	0.625	0.877

续表

量表中具体题目描述	Scale Mean if Item Deleted	Scale Variance if Item Deleted	Corrected Item – Total Correlation	Squared Multiple Correlation	Cronbach's Alpha if Item Deleted
10 人事测评技术能让我更明白人的心理活动	49.53	101.251	0.550	0.408	0.881
11 学习人事测评时，我感到枯燥	49.31	100.417	0.534	0.496	0.882
12 学习人事测评能开拓我的思维	49.53	100.338	0.595	0.444	0.880
13 我认为学习人事测评技术对于公司选拔人才来说特别重要	49.75	100.776	0.576	0.443	0.881
14 如果要我去深入学习人事测评，我会感到兴趣不大	49.07	99.666	0.537	0.489	0.881
15 我认为人事测评是没用的	49.80	101.389	0.469	0.476	0.884
16 在求学期间，我会努力来学习更多的人事测评知识	49.34	98.730	0.683	0.607	0.878
17 我认同人事测评在公司选拔优秀人才上做出了重大贡献	49.69	101.139	0.562	0.439	0.881
18 人事测评是我认为最烦琐的课程之一	48.82	114.250	−0.192	0.226	0.904
19 我喜欢去探索人事测评的新的方法	49.16	99.676	0.552	0.452	0.881
20 我经常不喜欢去思考人事测评的相关问题	49.23	101.245	0.488	0.413	0.883
21 人事测评是人力资源管理专业中最重要的课程之一	49.67	101.568	0.510	0.366	0.882

将表 8-12 中的 ITC 值低于 0.4 的题项, 即第 6、7、18 题删除后, "人事测评技术学习态度量表" 的内部一致性信度从 0.888 提高至 0.915 (参见表 8-13)。

表 8-13　删除三题后的 Cronbach's Alpha 信度检验值

Cronbach's Alpha	Cronbach's Alpha Based on Standardized Items	N of Items
0.915	0.916	18

(二) 学习态度测评量表的因子分析

在对剩余 18 题做因子分析时, 发现第 3、10 与 12 题贡献度很小, 特别是将此三题删除后, 此时的 KMO 值达到 0.923, Bartlett's Test 中 Approx. Chi - Square 值为 9988.245 (自由度为 105), 可解释程度从 59.295% 提升至 62.387%。

通过因子分析, 发现得到三大公因子, 其中有关学习人事测评技术的热情, 由 "理想的学习激情" 和 "现实的学习惰性" 来表达。

表 8-14 表明三大公因子的组成, 即第一个公因子由第 1、2、4、9、16、19 小题组成, 围绕 "学习人事测评的动机与兴趣" 展开, 用 "学习动力" (Learning Motivation) 的第一个大写英文字母 LM 表示; 第二个公因子由第 5、8、11、14、15、20 小题组成, 围绕 "现实中学习人事测评时的倦怠感与无趣感" 展开, 用 "学习倦怠" (Learning Burnout) 的第一个大写英文字母 LB 表示; 第三个公因子由第 13、17、21 小题组成, 围绕 "人事测评在实践中的应用价值" 展开, 用 "应用价值" (Application Value) 的第一个大写英文字母 AV 表示。

表 8-14　学习态度测评量表旋转因子载荷表

学习态度测评量表题项描述	学习动力	学习倦怠	应用价值
9 我有兴趣去学习更多的人事测评知识	0.773		
4 我享受在学校学习人事测评技术的生活	0.748		
19 我喜欢去探索人事测评的新的方法	0.746		
16 在求学期间, 我会努力来学习更多的人事测评知识	0.732		

学习态度测评量表题项描述	学习动力	学习倦怠	应用价值
1 我认为人事测评是一门十分有趣的学科	0.695		
2 我希望增强我的专业能力，学习更多的人事测评知识	0.623		
11 学习人事测评时，我感到枯燥		0.766	
8 我不太愿意上"人事测评技术"课或与此相关的课程		0.761	
15 我认为人事测评是没用的		0.758	
14 如果要我去深入学习人事测评，我会感到兴趣不大		0.743	
5 除非必须，否则我可不想学更多的人事测评技术知识		0.692	
20 我经常不喜欢去思考人事测评的相关问题		0.691	
17 我认同人事测评在公司选拔优秀人才上做出了重大贡献			0.761
13 我认为学习人事测评技术对于公司选拔人才来说特别重要			0.747
21 人事测评是人力资源管理专业中最重要的课程之一			0.721

Extraction Method：Principal Component Analysis.

Rotation Method：Varimax with Kaiser Normalization.

a　Rotation converged in 5 iterations.

表 8 - 15 表明三大公因子构成的测评分量表信度与学习态度总量表的信度检验，显然是达到高信度，说明由此测评量表施测后所得结果是稳定的、可靠的，值得参考借鉴。

表 8 - 15　"人事测评技术"课程学习态度量表题目内在一致性分析表

测评指标	测评标志	信度系数	
学习动力	1 我认为人事测评是一门十分有趣的学科	0.876	0.900
	2 我希望增强我的专业能力，学习更多的人事测评知识		
	4 我享受在学校学习人事测评技术的生活		
	9 我有兴趣去学习更多的人事测评知识		
	16 在求学期间，我会努力来学习更多的人事测评知识		
	19 我喜欢去探索人事测评的新的方法		

续表

测评指标	测评标志	信度系数	
学习倦怠	5 除非必须，否则我可不想学更多的人事测评技术知识	0.862	0.900
	8 我不太愿意上"人事测评技术"课或与此相关的课程		
	11 学习人事测评时，我感到枯燥		
	14 如果要我去深入学习人事测评，我会感到兴趣不大		
	15 我认为人事测评是没用的		
	20 我经常不喜欢去思考人事测评的相关问题		
应用价值	13 我认为学习人事测评技术对于公司选拔人才来说特别重要	0.742	
	17 我认同人事测评在公司选拔优秀人才上做出了重大贡献		
	21 人事测评是人力资源管理专业中最重要的课程之一		

（三）学习态度回归模型及其解释

表 8-16 是大学生学习态度量表及其三大公因子构成的分量表的汇总，表中每题平均得分表示对于"人事测评技术"类课程的学习态度符合大学生们实际情况。对于任该类课程的教师而言，可以认真阅读 15 个题项所描述的现象，对比自己学生学习状态，可以有效提高大学生们的"学习动力"，让他们对于课程未来的"应用价值"有足够认识，最终可以通过改变教学模式有效抑制他们的"学习倦怠"情绪。

表 8-16　"人事测评技术"类课程大学生的学习态度量表汇总表

量表/层面名称	代号	题项数	信度值	平均数	标准差	每题平均得分
课程学习量表	CS	15	0.900	25.93	7.302	1.995
1. 学习动力层面	LM	6	0.876	7.75	2.567	1.938
2. 学习倦怠层面	LB	6	0.862	7.47	2.566	1.868
3. 应用价值层面	AV	3	0.742	5.96	2.053	1.987

有关学习态度的三层面间有何内在联系、三层面对于各种大学生们课堂学习行为有何影响，笔者通过做相关回归模型得以了解这些影响效果。

1. 学习动力、学习倦怠、应用价值三者间互动关系分析

表 8-17 与表 8-18 表明学习态度三因子间回归模型有两种：

表 8 - 17　学习态度三因子间的回归模型显著性检验表

	Model	Sum of Squares	df	Mean Square	F	Sig.
1	Regression	9 463. 135	1	9 463. 135	818. 119	0. 000（a）
	Residual	16 876. 172	1 459	11. 567		
	Total	26 339. 307	1 460			
2	Regression	11 813. 763	2	5 906. 881	592. 903	0. 000（b）
	Residual	14 525. 545	1 458	9. 963		
	Total	26 339. 307	1 460			

a　Predictors：（Constant），AV

b　Predictors：（Constant），AV，LB

c　Dependent Variable：LM

表 8 - 18　学习态度三因子间回归系数及其显著性检验表

	Model	Unstandardized Coefficients		Standardized Coefficients	t	Sig.
		B	Std. Error	Beta		
1	（Constant）	6. 766	0. 299		22. 660	0. 000
	AV	1. 245	0. 044	0. 599	28. 603	0. 000
2	（Constant）	15. 106	0. 610		24. 781	0. 000
	AV	0. 988	0. 044	0. 476	22. 601	0. 000
	LB	- 0. 317	0. 021	- 0. 323	- 15. 360	0. 000

a. Dependent Variable：LM

模型一：$LM = 6.766 + 1.245AV$

模型二：$LM = 15.106 + 0.988AV - 0.317LB$

"应用价值"（此课程实际应用范围与作用）与"学习动力"（对此课程的理论学习兴趣与学习意愿）是正相关关系，并且"应用价值"平均每提升 1 单位水平，"学习动力"要平均提升 1.245 单位；而当大学生们在课堂上出现"学习倦怠"（现实中在此课程的学习行为表现）一个单位时，"学习动力"平均下降 0.317 单位，不仅如此，"应用价值"的课堂效果也将受到影响，影响"学习动力"水平比没有"学习倦怠"时平均下降 0.257 单位。

2. 学习动力、学习倦怠、应用价值对于大学生学习行为的影响分析

表 8-19 展示了学习动力、学习倦怠、应用价值对于大学生课堂学习行为的影响程度，表中正负符号表示三因子与学习行为的同向变动还是反向变动。以第 1、5、15 学习态度表现行为为例：

模型三：课程有趣 = 0.230LM - 0.049LB - 0.033AV

模型四：不学态度 = 0.014LM + 0.231LB - 0.081AV

模型五：课程无用 = -0.243LM + 0.268LB + 0.201AV

表 8-19 学习动力、学习倦怠与应用价值三因子回归模型系数表

"人事测评技术"类课程学习态度行为描述	LM	LB	AV
1 我认为人事测评是一门十分有趣的学科	0.230	-0.049	-0.033
2 我希望增强我的专业能力，学习更多的人事测评知识	0.164	-0.023	0.042
4 我享受在学校学习人事测评技术的生活	0.273	-0.039	-0.105
5 除非必须，否则我可不想学更多的人事测评技术知识	0.014	0.213	-0.081
8 我不太愿意上"人事测评技术"课或与此相关的课程	-0.054	0.251	-0.032
9 我有兴趣去学习更多的人事测评知识	0.270	-0.050	-0.071
11 学习人事测评时，我感到枯燥	-0.049	0.255	-0.048
13 我认为学习人事测评技术对于公司选拔人才来说特别重要	-0.115	-0.037	0.451
14 如果要我去深入学习人事测评，我会感到兴趣不大	0.015	0.242	-0.126
15 我认为人事测评是没用的	-0.243	0.268	0.201
16 在求学期间，我会努力来学习更多的人事测评知识	0.235	-0.057	-0.012
17 我认同人事测评在公司选拔优秀人才上做出了重大贡献	-0.114	-0.048	0.462
19 我喜欢去探索人事测评的新的方法	0.310	-0.066	-0.157
20 我经常不喜欢去思考人事测评的相关问题	-0.008	0.227	-0.089
21 人事测评是人力资源管理专业中最重要的课程之一	-0.081	-0.084	0.438

Extraction Method：Principal Component Analysis.

Rotation Method：Varimax with Kaiser Normalization.

Component Scores.

模型五很好说明大学生们认为所学课程是无用的，并不表明这课程在现实生活中没有价值，所以我们看到"学习动力"与"课程无用"是负相关关系，而"学习倦怠"与"课程无用"是正相关关系，模型揭示的规律与我们

日常观感是相符的。

表8－19所揭示的大学生学习行为的规律，可以令我们一线任教教师通过观察大学生们课堂学习态度，从而认识他们对于课程的感觉，通过改变教学方法、评分办法等手段，从而增强大学生们的学习动力，降低他们的学习倦怠感。

四、"人事测评技术"课堂参与度测量分析

（一）大学生主流学习策略为有用、理解、深入学习

大学生在不同的学习策略条件下，会出现不同程度的课程参与。表8－20中令5、4、3、2、1分别作为"非常符合""比较符合""差不多""比较不符合""非常不符合"的权重，与对应的有效频率的积为加权平均数。

表8－20　大学生课堂教学内容的学习策略表　　有效频率:%

课程教学内容学习策略	非常符合	比较符合	差不多	比较不符合	非常不符合	加权平均数
（1）记忆策略：觉得机械地记住它比理解它更重要	4.21	10.23	14.98	43.81	26.69	2.21
（2）有用策略：学习这门课时，会想想学到的理论在现实生活中有多大用处	16.12	43.34	30.84	8.90	0.80	3.65
（3）理解策略：阅读新的文献资料时，会联想起学过相关理念，并对学过的理念有进一步的了解	13.85	37.06	35.92	12.24	0.94	3.51
（4）深入学习策略：课外时间会对有趣的知识进行深入理解	13.89	34.45	32.84	17.16	1.67	3.42
（5）追随策略：学习这门课的最好办法是听从任课教师的安排	4.75	23.46	39.30	26.60	5.88	2.95
（6）课堂内容相依策略：老师教什么，我就学什么	4.54	22.76	36.72	28.24	7.68	2.88
（7）教师素养相依策略：老师怎么教，我就怎么学	4.75	23.13	36.36	28.81	6.95	2.90

依据表8-20数据显示，除了记忆策略被大学生们所排斥外，对于教师的追随策略，这里不仅包括对于教师所授内容的追随，也包括对于教学态度的追随，属于中等略偏下的水平。

而"有用策略""理解策略""深入学习策略"是大学生们当前主流学习策略，大学生们特别强调课程的"有用性"，这就要求一线教师需要寻找客观实际案例，以此说明所授课程中的理论知识是如何与实践相结合的。"理解策略"与"深入学习策略"表明，当代大学生对于提升自我专业知识的深度的渴望，因此，不能只讲授课程中的表面知识，也不能只依托教科书照本宣科，需要准备一些并不被大多数人了解的前沿理论资料，或以经典阅读形式满足大学生们深入学习策略的需要。

（二）大学生参与课堂互动所表现的积极性与创造力不足

表8-21令3、2、1分别作为"3级""2级""1级"的权重，与对应的有效频率的积得到各个大学生课堂参与行为的得分。得分显示，大学生有4大优势（合作、认真、问题解决、自信）和两大劣势（积极性、创造力）。

表8-21　大学生课堂参与行为表现排序表　　　　有效频率:%

课堂参与行为表现	3级	2级	1级	加权平均数
第一位 合作性	善于与人合作，虚心听取别人的意见 36.3%	能与人合作，能接受别人的意见 50.8%	缺乏与人合作的精神，难以听进别人的意见 12.9%	2.234
第二位 认真	上课认真听讲，作业认真，参与讨论态度认真 26.2%	上课能认真听讲，作业依时完成，有参与讨论 61%	上课无心听讲，经常欠交作业，极少参与讨论 12.8%	2.134
第三位 思路逻辑	能有条理表达自己的意见，解决问题的过程清楚，做事有计划 23%	能表达自己的意见，有解决问题的能力，但条理性差些 61.4%	不能准确表达自己的意思，不能独立解决问题，做事缺乏计划性 15.6%	2.074

续表

课堂参与 行为表现	3级	2级	1级	加权 平均数
第四位 自信	大胆提出有别于他人的问题，勇于表达自己的想法 19.5%	提出自己的不同看法，并做出尝试 60.8%	不敢提出和别人不同的问题，不敢尝试和表达自己的想法 19.6%	2.00
第五位 思维创造	具有创造性思维，能用不同的方法解决问题，独立思考 16%	能用老师提供的方法解决问题，有一定的思考能力和创造性 63.8%	思考能力差，缺乏创造性，不能独立解决问题 20.3%	1.959
第六位 积极	积极举手发言，参与讨论，大量阅读课外读物 14%	能举手发言，有参与讨论，有阅读课外读物 54.8%	很少举手，极少参与讨论，没有阅读课外读物 31.2%	1.828

表 8 – 21 显示，大学们课堂参与积极性不足，表现为"沉默课堂"现象；其次是创造性想法不足，表现为不能有效地做到举一反三，对于观点是人云亦云。如何打破大学生课堂参与不足行为，不仅需要教师调整教学模式，还需要结合课业评价办法，以此推动或引导大学生改变其课堂沉默行为。

五、大学生学习效果评价作用与变革建议

"评价"一词在英语中常用的词汇有：evaluation、assessment、measurement 等，其中 evaluation 一般翻译为"评价"或"评估"，它更多地指评价课程教学计划等与之相关的问题；assessment 通常被译为"评价"或"评定"，它更多地指对人的评价，如学生的成绩、学生的表现、教师的能力等；而 measurement 主要是指"测量"，指用于评价或评估过程中的具体的方法、手段。

传统评价理念倾向于以书本知识、标准化答案为准绳的"物评"，这种脱离了人的评价在真实反映学生的发展水平和教师的教学水平方面存在着明显的缺陷。这种传统评价方式单一，且多为终结性评价，其获取的反馈信息量

少且滞后于日常教学，不能及时指导教师的教和学生的学，也不能全面检验出学生的知识掌握情况。另外，传统评价标准抽象，教学操作性不强，学生也很难利用评价标准的要求真正地去改善自己的学习。

近年来，随着各国教育改革的发展，传统的大学生学业评价理念和方法重新受到审视。在各国的教育改革进程中，学业评价的焦点逐渐从学生"知道什么"转向学生能"做什么"，评价的功能从"证明"（prove）转向于"改进"（improve），评价过程更为开放，评价方法多元化。在这一背景下，日常大学生学习行为的表现性评价日益受到大家关注和青睐。

（一）大学生学习效果评价——考试的作用

日本学者梶田睿一先生在《现代教育评价论》一书中指出："无论是考试或考查，都是为了把教育本身放在合理的基础上……运用更合适的形式促进学生的成长、发展"，同时强调，以考试为中心的教育评价，"无论是把它看作反馈机能也好，或者是看作'加速器'的机能也好，都是为了以稳健的步伐，有组织地进行学习必不可少的措施"。

图8-2是笔者将高校课程考试分为三部分：除大家所熟知的期末考试，还应包含平时阶段性考试及知识形成过程的隐性测试。

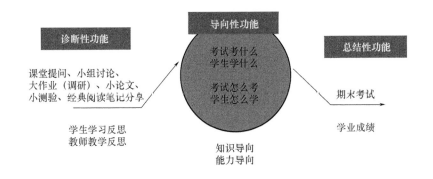

图8-2 考试三大功能图

1. 作用一：促进高校教师教学质量的提升

对任课教师来说，通过考试可以及时了解学生的学习情况和获得教学效果的反馈信息，从反馈信息中了解前期的教学效果，以及自我反省在教学过程中的优缺点。例如教学内容是否适度、方法是否恰当，从而更好地提高教师教学水平，促进教学目标实现。

2. 作用二：促进大学生就业能力的养成

正如梶田睿一先生曾经指出："如能在教育中恰当地开展评价活动，并为教育工作而灵活运用评价的结果，那就有可能保证所有的孩子都具有一定的学力，有可能实现既不强迫又不浪费的恰当的教学指导，以及养成孩子对自己进行恰当的自我评价的习惯，造成理想状态的教育。"①

考试对于促进大学生就业能力养成的作用，主要表现在：

首先，考试是提高大学生学习能力和促进其自身素质发展的有效手段。

其次，大学生可以及时得到课业学习效果的反馈信息，明确自己学习中的优劣势。

最后，考试是评定大学生的学业成绩是否达到规定教学目标的重要手段。对于大学生来讲，考试既是压力，也是动力，它能发现每一个学生在知识、素质和修养方面的不足，如果能正确引导学生对考试的态度，这种压力将会转化为学生学习的动力。

（二）中国高校学习效果评价策略中存在的问题

1. 以成绩为唯一目的，忽略教学目标的真正意义

在高校评价大学生课程学习效果办法中，学业成绩成为追求的主要目标，忽略了教学目标中的其他要求。调查结果显示，43%的学生认为得到分数是考试的首要目的。"分分小命根"这句话说出了传统考试的本质，在现行高校中，把分数的高低简单等同于学生知识素质状况甚至是综合素质的主要反映，同时以分数作为衡量好与坏、行与不行的标准的情况比比皆是。

考试的直接目的是为了让教师了解大学生们学习课程的发展进程，以改进课堂教学方法。但是，也有很多高校教师认为考试对教学的帮助作用不是很大或者根本不大，这种倾向误解了考试的真正目的，甚至与教学目标的要求是相悖的。

2. 以教材为考试内容，束缚教法和学法

学者调查显示②分别有51%的学生和49%的教师认为考试内容中占比例

① 左艳芳，郑长成. 论高校课程考试的目标与措施［J］. 湖南科技学院学报. 2006（7）.

② 杨晶晶. 高校教考和谐的考试系统的研究［D］. 内蒙古：内蒙古师范大学，2007.

较大的是课本中的内容。

由于考试具有导向作用，以课本为考试内容会引导教师在教学时以课本内容为重点，相应地，就会采用规范性的语言、规范性的板书向学生讲解。因此，教师不能采用多样化的教学方法，严重地影响了教师教的态度问题。

同时大部分高校现在都实行"老师教什么，学生学什么，考试考什么"，就容易造成考试内容中记忆性成分所占比重过大的情况。这样容易造成学生的知识面狭窄，进而不利于学生创新能力的培养和个性的发展。

3. 考试方式方法单一，影响学生全面发展

目前高校的大部分课程考试偏重于闭卷笔试。闭卷笔试这种考试形式操作简单、便于管理，但有一定的局限性，试卷所涵盖的内容有限，考核的知识面窄，考察点代表性差，这种单一的考试方式不能充分发挥主动性和创造性，也不能很好地检测学习质量。闭卷考试会使学生忽略整个教学过程的学习，只注重期末成绩，不注重平时积累；只注重成绩高低，忽略能力培养；只注重结果，不注重过程，加剧学生的功利化倾向，不利于学生形成正确的学习观和学习行为。这不仅不能促进教学目标的实现，反而会因为这种形式较多地考虑学生的共同性而忽视学生的个性素质和能力素质的培养。

4. 考试管理制度不健全

考试是一个十分复杂的过程，它包括命题、组题、制卷、施考、监考、阅卷、成绩评定、试卷的分析与讲评、考试的心理训练等内容。①

（1）考试试卷编排不合理。在高校多数情况下教什么、考什么与怎么考都由任课教师说了算，教研室、院系、职能部门很少过问，有调查显示，62%的教师表示一般都是自己命题，没有什么严格的命题要求，因此这种情况容易受出题者知识水平、个人风格、经验的影响，使试题具有很大的主观性和随意性。

另外，目前在评卷方面基本上是采用教师自评为主，这难免掺杂个人的主观因素，无法对试卷做出客观评判，从而助长了一些学生的侥幸心理和不良风气，导致教学质量的下降。

特别是当考试试卷的设计缺少必要的理论依据，缺少对试题诸如难度、信度、区分度和效度等分析时，就会导致无法判断考试结果在多大程度上反

---

① 祝立英．用现代教育思想指导考试改革的若干思考［J］．绍兴文理学院学报．2003，12.

映了教学的实际水平和专业要求的目标。

（2）考试后缺乏对试卷分数的结果分析。从教师的角度来讲，由于教师工作量大，时间和精力的限制都不能够对试卷的信度、效度及难度等指标进行分析；从学生的角度来讲，不注重考试结果，只要在这一学期"过了"就可以，针对考试中出现的问题不进行及时纠正，进而不利于学生成长。

（3）屡禁不止的高校考试作弊现象。大学考试是高等学校教学管理和质量管理的重要内容之一，作为检测教与学的效果和水平，甄别个人知识、技能及智力开发的手段，是教育过程中不可缺少的环节。但是，考试作弊现象全国高校时有发生，用大学生们的话说，"不求奖学金，只要60分"，而当60分也变得困难，抄一抄，蒙混过关，成为一些学生的不二选择。深究其中原因，主要是考试成绩背后的利益链起着至关重要的作用，比如国家励志奖学金就高达5000元，除了各类奖学金评比外，还有优秀干部评选、保研、出国深造甚至未来岗位的获得均与考试成绩密切相关，所以挂科是万万要不得的。

此外，即便高校对考试作弊采取"零容忍"制度，但真正被监考老师抓到的作弊学生，往往只是收掉作弊所用小抄，根本没有任何惩罚，这对作弊学生和他人都起了反面的示范作用；极少数被上报公示作弊学生的处理也相当宽松，美其名曰"治病救人"，其实就是网开一面。因此，由于学校和监考老师的默许和包容，高校考试作弊之风屡禁不止。

（三）大学生学习效果评价策略改革建议

1. 建议一：学业评价观念从单一知识评价向综合素质能力评价转变

对大学生学业进行评价的目的，不仅在于掌握大学生对于课程的理解与熟悉程度，更为重要的是掌握一线教师课堂效果的基本状况，并进而为改进高校课堂教学手段、教学模式提供数据支持。学业评价不仅是对知识能力的评价，还应包含对实践能力的评价，这就需要教学管理单位积极拓宽大学生校外实践渠道，与社会、行业以及企事业单位共同建设实习、实践教学基地，从而达到培养学生的实践能力的目的。

为了训练大学生的创造力，学业评价内容除针对以往知识的理解的考查外，更应有对大学生的分析、理解、判断、表达及操作技巧等的考核内容，这样有利于培养大学生们的创新意识，以及促进大学生们积极、理性品质的养成。

2. 建议二：实行多样化的考试形式

从考试方法本身的角度讲，应该采取多样化的考试方法。具体地说，在教育考试中所用的考试方法可以分为有纸化考试和无纸化考试。

（1）有纸化考试。有纸化考试即"纸笔"考试，包括三种不同的类型，分别是闭卷考试、半开卷考试和开卷考试。

闭卷考试指在规定的时间内，要求学生不依靠任何外界的帮助而独立完成题目的考试形式，着重检验学生记忆知识的数量和理解知识的程度[①]。它是目前使用范围最广、影响范围最大的一种考试方法。

闭卷考试的优势是操作简单、易于管理并且大体上可以测出学生的学习效果，教师也可以从中获得教学反馈的信息，用以改进、调节教学和指导学生学习。缺点是考察内容单一不全面，无法对学生的综合素质进行有效评价。就闭卷考试本身的特点而言，它比较适合应用在考查学生的基础知识上，特别是一些知识点密集、理论性强的专业主干课程，为了保证学生掌握基本的教学内容以及基本的教学质量，闭卷考试仍然是一种有效的考试方法。

半开卷考试是近年才刚刚兴起的一种考试形式，也称为限制性开卷考试，它允许学生在参加考试时携带一张 A4 大小的纸张，纸上可以抄录与考试课程相关的内容，其抄录的内容及多少不加限定；考试结束后，该纸张随试卷一同上交，作为评分依据的一部分，所以也称为"一页开卷"式的考试，多用于工科类的课程考[②]。

半开卷考试优势较多，这主要表现在：

首先，引导学生在课程学习中重视实际能力。"一页开卷"的考试方法允许学生将一些公式条文整理在纸上后带进考场，那么就可以把主要精力放在理解课程知识上，从而提高运用知识对实际问题进行分析与处理的能力。

其次，促使学生平时认真学习，考前进行系统的复习和整理，考前浓缩、整理知识的过程就是一个很好的学习过程。

最后，有助于学生形成健康的应试心理，在一定程度上可以有效地防止学生考试作弊。

① 李俊. 考试制度研究［J］. 北京联合大学学报（人文社会科学版）. 2004（2）.

② 洪世梅. 关于改革高校考试制度的思考［J］. 安徽工业大学学报（社会科学版）. 2000（3）.

但是它也有缺点，主要是受课程类型、教学要求的限制。

　　开卷考试也是纸笔考试的一种，但是却与闭卷考试相反。开卷考试允许学生携带与考试有关的书本和资料进入考场，并要求在规定时间内完成试卷。

　　开卷考试的特点是侧重于考查学生的理解能力及分析问题、解决问题的能力，学生分析解答问题时，必须有自己独立的思维能力，只有具备了扎实的基础知识，较强的理解、分析、书面表达、创新思维能力，才能完满地回答。

　　开卷考试不利于考查学生基础知识，同时也降低了对记忆的要求。如果在教学过程中未能有效提高学生对于理论知识理解与应用能力，则无法达到开卷考试的真正目的。

　　（2）无纸化考试。无纸化考试是相对于有纸化考试而言的一类考试方法，其中包括口试、基于计算机和网络技术的机试和实际操作考试。

　　口试法是考试史中最早采用的考试方法。口试法就是在主考人的面前，考生用口述的方式回答问题，主考人根据回答的正确程度评等或评分[1]。由于它有某些独具的优点，至今仍被广泛采用。

　　口试法的优点是：学生当面回答问题，既能考查出学生对知识掌握的牢固、熟练程度，也可以看出学生思维的敏捷性和流畅性、口头的表达能力。另外，考生在口试考试中，不易于作弊，这也是口试优于笔试的一个显著特点。

　　当然，口试法也有自身的缺点：考查内容较少，考生在口试考试中容易形成较大的心理压力，同时考试结果易受主考官主观因素的影响。

　　综上所述，口试法首先适用于语音、语调和口头表达能力的考查；其次，口试主要应用于考生量较少或考试时间比较宽裕的场合，如论文答辩。

　　机试是采用计算机为工具替代人类的手工出题、发题、身份验证、监考、收卷、阅卷、统分和试卷分析等过程，使考试更加严格、真实可信，降低考试成本，提高考试效率。同时组织考试的机构也可方便地利用计算机组织考试，通过计算机简化了发卷、收卷、评卷等繁杂的考试过程，也可以利用软件分析考生的答题情况，反馈指导教与学活动。

　　但是机试需要满足下述两个条件的其中之一，即：要求本专业的老师熟练掌握计算机的技术；向比较擅长计算机的专家请教，但是必须在机试系统

---

① 孙银莲．高校考试制度改革与创新人才培养［J］．湖南师范大学教育科学学报，2004（2）．

考试中将专业任课老师的思想恰当地融入进去。而事实上要使两个不同专业领域的老师的思路保持一致是很困难的。

所谓操作考试法，就是让考生进行实际操作，并以考生实际操作技能中的表现对他们的知识和技能给以评分的考试方法。操作考试法是具有较强实践性的考试方法，它能检验学生运用所学知识分析解决实际问题的能力，全面检测考生的素质与智能，有其他考试方法难以替代的作用。操作法一般可以应用于理科专业的实验考试中，如物理、化学、生物等专业，也可以应用于体育专业的考试中，可以直观地考查学生的实际动手能力。

综上所述，每种考试方法都有考查的倾向面，都有其使用范围的适用性和局限性。因此学校应该多种考试方式并举，针对不同的考试内容采取不同的考试方法，促使考试效果发挥到最大化。

3. 建议三：实行综合考试模式

在高校考试中，建议采用多种考试模式并用的方式。考试模式主要有两种，即阶段考试模式和教考分离模式。

（1）阶段考试模式。以往学生的成绩单凭期末一考来决定，加之学生抱着期末考前教师圈重点、划范围的心理，导致平常不认真学习、逃课，考前死记硬背、突击复习的现象常常发生。

因此，应当将学生的学业成绩取平时成绩（作业、论文、课堂提问、出勤等）、期中（或月考）成绩和期末成绩综合评价的办法，这种办法避免主要由期末考试决定学业成绩的弊端，更重要的是使学生不停地"温故而知新"，加强对知识的融会贯通实现创新，激励学生将工夫用在平时，这种考试模式应用比较广泛、比较典型的是考查课。

（2）教考分离模式。学生考试的命题不是由任课教师完成，而是由外聘专家或试题库出题，评卷也是在密封状态下流水作业完成，以保证考试的真实、准确与客观。这种考试模式正在推广阶段，但是由于专业课程涉及的知识复杂，不同教师讲授的侧重点差异及理解的偏差，都可能导致讲授与出题出现偏差，影响考核效果。因此，这种考试模式往往在基础课或考试课中实施。①

---

① 刘宁. 高校考试改革模式与保障机制研究［J］. 沈阳建筑大学学报，2008，10（1）：123 - 125.

4. 建议四：重视表现性评价

赵德成（2013）[①] 提出表现性评价（perforance assessment），通常要求学生在某种特定的真实或模拟情境中，运用先前所获得的知识完成某项任务或解决某个问题，以考查学生知识与技能的掌握程度，或者问题解决、交流合作和批判性思考等多种复杂能力的发展状况。有人也将它称为真实性评价（authentic assessment）。

表现性评价要对学生在完成表现性任务过程中的表现情况进行观察与评估，克服了传统标准化选择题测验仅能测试低水平知识和孤立技能的弊端，能测量出学生在真实世界中的复杂成就和情意表现，替代传统标准化测验，成为影响和推动教学实践的重要评价方式，也有人将其称为替代性评价（alternative assement）。常见的表现性任务，除纸笔形式测验之外，还可以有口头表述辩论、模拟表现、表演、实验、调查等。

---

① 赵德成. 表现性评价：历史、实践及未来 ［J］. 课程·教材·教法，2013，33（2）：97 - 103.

第九章

教学模式应用与教学
质量评价建议

在传统的高等教育体制下，大学生被视作一个特殊群体，它的特殊之处在于是承载社会、家庭、高校以及自身高期望值的一种群体。他们自我定位比较高，成才期望强，家庭与社会对其要求也很高。伴随着大学生从"精英阶层"向"大众阶层"的转变，大学生自我定位悄然发生变化，如他们就业地区从需求超饱和的"一线城市"转向有实际需求的"二三线城市"，就业单位的选择也从追逐"专业对口、职业稳定"向"通用能力、职业竞争"中转变。

　　2009 年，以人社部批准"苏州等 82 个城市为首批国家级创业型城市"为标志，以创业全面带动就业进入实质启动阶段，作为劳动力大军中的高素质群体，大学生们最终将从"为他人打工"向"自我创业"转变。而支撑大学生完成这一系列的转变的重要手段之一是我国高校教学模式的巨大变革。

　　而麦可思中国大学生就业研究课题组从 2009 年开始每年 6 月份出版一部就业蓝皮书，一直以来"就业能力"的调查与研究是其主要内容；有关"就业质量"的话题，是在 2011 年度中国大学生就业报告中首次出现，其中主要由"就业满意度、职业期待吻合度分析、薪资分析、工作与专业相关度、离职率"5 项内容构成；到 2014 年出现教学培养评价部分，2015 年将报告分成两部书出版，一部是中国本科生就业报告，一部为高职高专毕业生就业报告。这一系列的变化，展示着我国高等教育着重点已经由"学历"培养向"学力"培养迈进。

一、教学模式应用建议
——强化线上线下混合教学模式的应用

（一）网络教育不能替代传统的学校教育

　　MOOC 课程能提供的主要是课程知识和技能，但是学生的独立生活、社团活动、班集体团队交往和社会实践体验等需求，特别是考试作弊和中途退课问题，MOOC 都很难解决，而这些又恰是学生就业能力培养的重要组成部分，也是企业选拔人才时比较看重的地方。因此，MOOC 不能替代学校教育。

　　在中国，网络教育早已存在，比如中国的政府推行的开放课程，国家精品课程、广播电视课程等都是依托互联网而开设的，目前各个高校又纷纷推出各类校级精品视频课程作为主讲教师讲授课程时的辅助工具，但是不能过分夸大或依赖新型教学模式作用，毕竟"传递—接受式""自学—辅导式""抛锚式""互助学习式""探究式""理论教学、案例教学和实验教学组成的混合式"教学模式对于大学生就业能力培养起着重要作用。

（二）混合教学模式依然是本科课堂的主流模式

目前，中国高校中"理论教学"、"案例教学"和"实验/实践教学"三者以各种不同时间权重组合而成的混合教学模式是主流，笔者发现100%时间权重的理论教学模式就是"传递—接受式"教学模式，100%时间权重的案例教学模式则是"抛锚式"教学模式，100%时间权重的实验/实践教学模式则成为"探究式"教学模式。高校一线教师在提升教学效果的课堂教学模式选择上，经常进入一种无所适从的境地，因为这将决定着该门课程的教学内容的选择、学生学业评价标准的设计以及是否令学生们学有所得，从而提升其就业能力，影响他们未来就业质量，这是中国高等教育能否成功的标准之一。

因此，本课题组认为，应当重点鼓励那些为线上线下教学努力奋斗的教师，如果说线下课堂教学是学生得以解惑的主战场，那么线上网络教学是学生得以扩展知识广度的重要途径。同理，也激励着一线教师不断学习新知识、新理论，从而充实课堂教学内容，进而激发大学生们的学习热情与动力，降低他们的学习倦怠感。

二、教学质量评价建议
——课堂教学效果评价应重视"表现性评价"

赵德成（2013）提出表现性评价（perforance assessment）通常要求学生在某种特定的真实或模拟情境中，运用先前所获得的知识完成某项任务或解决某个问题，以考察学生知识与技能的掌握程度，或者问题解决、交流合作和批判性思考等多种复杂能力的发展状况。有人也将它称为真实性评价（authentic assessment）。常见的表现性任务，除纸笔形式测验之外，还可以有口头表述辩论、模拟表现、表演、实验、调查等，这与我们现今给平时成绩时，所布置的不同类型的作业有关。而这些作业的完成质量恰能测量出学生在真实世界中的复杂成就和情意表现，替代传统标准化测验成为影响和推动教学实践的重要评价方式，因此，也有人将表现性评价称为替代性评价（alternative assement）。

对于学生的课业评价办法，我们不仅考虑终结性评价（期末考试），也考虑到了形成性评价（即课程讲授期间，对于大学生的表现性评价）。

对比学生学习效果的追踪评价的前期、中期及后期的考核与评价，对于教师的教学评价就显得过于单一，且不能使教师在当期就做有效调整。这是因为，对于每一任课教师而言，获得自我课堂质量评价主要来自于"学评教"结果，这个结果还是在课程结束后才可获知，对于教师教学指导意义有滞后效应。

课题组仿照大学生学习效果评价，结合我们的调研结果，构建了可以评估高校课堂教学效果的测评标准（见表9－1），对于指标间相对地位大小，可采用层次分析法加以确定，这一任务将在2016年完成。

表9－1　高校课堂教学效果的表现性评价指标构建

一级指标	二级指标	二级指标内涵
教学组织	师生互动	师生在课堂间互动行为表现，
	学习效率	对所学知识的书面测试及通过学生活动行为展现出来的知识掌握度
	教学模式	有效促进学生学习兴趣，使得学生对于所学课程目标有清晰认识
教学行为	学术训练	提升大学生专业知识的深度与研究能力
	课件准备	端正教学态度与课前教案准备，包括教科书的深层次使用
	分类教学	与大学生当前水平适宜的教学内容筹备
	提问技巧	提出能引发学生思考与讨论的问题并根据大学生反应调整教学模式
	有效知识	授课过程中教师注重专业知识传授的实用性与前沿性
	反思学习	教师鼓励大学生学会反思，学会学习
	理解学生	教师课前应关注大学生所需，即学会备学生
	课业评价	教师主导而学生为辅制订的评价体系，可促进大学生积极的学习行为

三、就业能力提升建议
——学会"课堂质疑",打破"课堂沉默"

在面向366所高校发放调查问卷,并获得2 704份有效问卷数据的基础上,我们发现对于常规教师的教学行为,大学生持不太看重的态度,但是,数据统计结果显示:影响大学生学习效果的因素排序由高到低顺序为教师类型>学习态度>学习动机>教学管理方式>师生互动>学生类型。在这里,"师生互动"被大学生们严重忽视,原因之一就是他们在课堂上的"沉默行为"。

当大学生们被问到,他们的课堂行为表现时,他们认为在"合作"、"认真"、问题解决"、"自信"上具有优势,但"积极性"、"创造力"是他们的两大劣势。之所以会有这样两大劣势,与他们不愿主动思考、积极学习有关。

显然,一味要求教师改变教学模式,这只是教学质量提升过程中的一个环节;对于大学生们就业能力的培养而言,第一步就应培养大学生敢于思考、敢于质疑、敢于挑战权威、敢于提问的行为习惯,而这种行为将是打破课堂沉默现象的一把利剑。

如果"课堂质疑""主动回答"能够形成一种大学生参与课堂活动的文化,那么,通过学校层面的"主动学习型"大学生标杆人物的推选,不仅可激发教师教学模式变革的动力,而且也利于大学生积极性与创造力的培养,从而不仅可以提升课堂教学效果,而且达到提升大学生就业能力的目的。

四、后续研究

本研究从教学模式变革的角度,针对大学生就业能力培养和就业质量的保障做了探索性实证研究,未来在借鉴本研究成果基础上,项目负责人将重点关注可以打破课堂沉默的"师生互动的效果"问题,比如通过小组辩论赛打破教学沉默的实验数据收集与分析,通过可以刺激学生积极思考,在不断地辩论与思索中得出理论真理的过程数据的对比分析,通过观测课堂中大学生与教师的行为表现,参照学生期末考试成绩及教师的学评教成绩,从而获得调整课堂教学组织与管理的建议与措施。

参考文献

［1］边文霞．苏格拉底教学法与中国人才培养方式的反思［J］．首都经济贸易大学学报，2010（3）．

［2］边文霞．本科教学模式与大学生学习能力、就业能力关系研究［M］．北京：首都经济贸易大学出版社，2012.

［3］滕明兰．大学生课堂沉默的教师因素［J］．黑龙江高教研究，2009（4）．

［4］孙亚玲．课堂教学有效性标准研究［M］．北京：教育科学出版社，2005.

［5］杨九民，黄磊，李文昊．对话型同步网络课堂中学生参与度研究［J］．中国电化教育，2010（11）．

［6］程宏宇．中美高校教师教学风格差异与大学生课堂学习行为的关系研究［J］．应用心理学，2014（3）．

［7］谢明．高校教师的教学行为与教学质量［J］．扬州大学学报（高教研究版），2005（2）．

［8］季诚钧，何菊芳，卢双坡．高校教师课堂教学行为分析［J］．中国大学教学，2010（5）．

［9］王爱平，车宏生．学习焦虑、学习态度和投入动机与学业成绩关系的研究［J］．心理发展与教育，2005（1）．

［10］王娟娟，李华．大学生课堂学习行为研究［J］．高教论坛，2010（7）．

［11］徐晓波．高校心理学课程教学效果的调查研究——以社会心理学课程为例［J］．社会心理科学，2013（11）．

［12］耿小娟．《计量经济学》教学效果调查及其影响因素分析［J］．陇东学院学报，2014（7）．

［13］卢俊勇，陶青．教材、教学与教师之间的关系——论课堂教学中教师的中介作用［J］．教师教育研究，2011（3）．

[14] 严家丽，孔凡哲．论"课程标准—教科书—教师"关系理解的三境界 [J]．中国教育学刊，2014 (2)．

[15] 王世伟．调适教科书使用教科书的实然与应然取向之间的中庸之道 [J]．教师教育研究，2011，23 (5)．

[16] 张莉，芦咏莉．论教师的教材加工能力 [J]．北京师范大学学报（社会科学版），2012 (1)．

[17]（美）吉纳·E 霍尔，雪莱·M 霍德．实施变革：模式、原则与困境 [M]．吴晓玲，译．杭州：浙江教育出版社，2004：12.

[18] 孔凡哲，史宁中．教师使用教科书的过程分析与水平测定 [J]．上海教育科研，2008 (3)．

[19] 严加丽．"教师使用教科书水平模型"测定的过程分析 [J]．教育测量与评价（理论），2013 (7)．

[20] 若尘．一个三本院校教师的回应：打破沉默的课堂需要师生共同发力 [N]．中国青年报，2015 - 4 - 14.

[21] 柯进，袁于飞，冯晶．大学生缘何患上"课堂沉默症" [N]．中国教育报，2007 - 6 - 5.

[22] 桑新民，李曙华，谢阳斌．"乔布斯之问"的文化战略解读 [J]．开放教育研究，2013 (6)．

[23] 刘宁．高校考试改革模式与保障机制研究 [J]．沈阳建筑大学学报，2008 (1)．

[24] 赵德成．表现性评价：历史、实践及未来 [J]．课程·教材·教法，2013 (2)．

[25] 洪世梅．关于改革高校考试制度的思考 [J]．安徽工业大学学报（社会科学版），2000 (3)．

[26] 孙银莲．高校考试制度改革与创新人才培养 [J]．湖南师范大学教育科学学报，2004 (2)．

[27] 李俊．考试制度研究 [J]．北京联合大学学报（人文社会科学版），2004 (2)．

[28] 祝立英．用现代教育思想指导考试改革的若干思考 [J]．绍兴文理学院学报，2003 (12)．

[29] 左艳芳，郑长成．论高校课程考试的目标与措施 [J]．湖南科技

学院学报，2006（7）.

　　［30］联合国教科文组织国际教育发展委员会. 学会生存——教育世界的今天与明天［M］. 华东师范大学比较教育研究所，译. 北京：教育科学出版社，1996.

　　［31］Henderson D，Fisher D L，Fraser B J. Interpersonal behavior，laboratory learning environments，and student outcomes in senior biology classes［J］. Journal of Research in Science Teaching，2000，37：26 – 43.

　　［32］Den Brok P，Brekelmans M，Wubbels T. Interpersonal teacher behavior and student outcomes［J］. School Effectiveness and School Improvement，2004，15：407 – 442.

　　［33］Brekelmans M，Sleegers P，Fraser B J. Teaching for active learning［J］. In：Simons P R J，Van Der Linden J L，& Duffy T，Eds. New Learning. Dordrecht：Kluwer. 2000，227 – 242.

　　［34］Grant N. Making the most of your textbook［M］. New York：Longman，1991.

　　［35］Apple，M. W. & Christian – Smith，L. K. The politics of the textbook［M］. London：Routledge，1991：17.

　　［36］Smith L & Land M. Low – inference verbal behaviors related to teacher clarity［J］. Journal of Classroom Interaction，1981（17）.

　　［37］Kallison J M. Effects of lesson organization on achievement［J］. American EducationalResearch Journal，1986（2）.

　　［38］Doyle W. Recent research on classroom management：implications for teacher preparation［J］. Journal of Teacher Education，1985，36（3）：31 – 35.

附录一：参与"中国高校本科课堂教学现状与教学效果"调查的高校名录

序号	学校名称	频数	序号	学校名称	频数
1	安徽财经大学	2	23	北京经贸职业学院	2
2	安徽大学	8	24	北京警察学院	4
3	安徽工程大学	2	25	北京科技大学	23
4	安徽理工大学	1	26	北京理工大学	30
5	安徽农业大学	1	27	北京联合大学	38
6	安徽医科大学	1	28	北京林业大学	25
7	安徽中医药大学	1	29	北京农学院	30
8	安阳师范学院	1	30	北京师范大学	30
9	澳门大学	1	31	北京石油化工学院	7
10	澳门科技大学	2	32	北京体育大学	11
11	宝鸡文理学院	2	33	北京物资学院	26
12	北方工业大学	29	34	北京协和医学院	1
13	北京城市学院	21	35	北京信息科技大学	17
14	北京大学	30	36	北京印刷学院	3
15	北京第二外国语学院	51	37	北京邮电大学	13
16	北京服装学院	8	38	北京中医药大学	3
17	北京工商大学	67	39	渤海大学	1
18	北京工业大学	71	40	常熟理工学院	1
19	北京航空航天大学	29	41	成都大学	3
20	北京化工大学	22	42	成都理工大学	2
21	北京建筑工程学院	16	43	成都信息工程学院	9
22	北京交通大学	14	44	成都中医药大学	1

续表

序号	学校名称	频数	序号	学校名称	频数
45	川北医学院	1	71	福建医科大学	2
46	大理大学	2	72	复旦大学	11
47	大连东软信息学院	4	73	甘肃政法学院	1
48	大连工业大学	3	74	广东财经大学	1
49	大连海事大学	3	75	广东海洋大学	2
50	大连交通大学	5	76	广东技术师范学院	1
51	大连科技学院	1	77	广东石油化工学院	1
52	大连理工大学	17	78	广东外语外贸大学	2
53	大连民族大学	1	79	广外南国商学院	2
54	大连外国语学院	3	80	广西财经学院	1
55	大连医科大学	4	81	广西大学	12
56	大庆油田大学	1	82	广西科技大学麓山学院	1
57	电子科技大学	4	83	广西民族大学	1
58	东北财经大学	10	84	广西师范大学	3
59	东北大学	7	85	广州大学	5
60	东北电力大学	3	86	贵阳医学院	1
61	东北林业大学	2	87	贵州大学	4
62	东北农业大学	1	88	桂林电子科技大学	1
63	东北师范大学	2	89	桂林理工大学	1
64	东北石油大学	9	90	国防科技大学	7
65	东南大学	46	91	国际关系学院	15
66	对外经济贸易大学	16	92	哈尔滨工业大学	8
67	二炮工程大学	1	93	哈尔滨理工大学	1
68	佛山科学技术学院	2	94	哈尔滨商业大学	7
69	福建农林大学	1	95	哈尔滨师范大学	1
70	福建师范大学	1	96	哈尔滨医科大学	2

续表

序号	学校名称	频数	序号	学校名称	频数
97	海南大学	11	123	湖北中医药大学	1
98	海南师范大学	2	124	湖南财政经济学院	1
99	杭州电子科技大学	1	125	湖南大学	7
100	合肥大学	1	126	湖南工程学院	1
101	合肥工业大学	2	127	湖南工业大学	2
102	河北大学	1	128	湖南科技大学	2
103	河北工程大学	1	129	湖南农业大学东方科技学院	2
104	河北工业大学	3	130	湖南涉外经济学院	1
105	河北金融学院	1	131	湖南师范大学	3
106	河北经贸大学	5	132	湖南中医药大学	1
107	河北师范大学	3	133	湖州师范学院	1
108	河北外国语学院	1	134	华北电力大学	19
109	河海大学	4	135	华北科技大学	1
110	河南财经大学	1	136	华北水利水电大学	1
111	河南大学	5	137	华东科技大学	1
112	河南工业大学	1	138	华东理工大学	4
113	河南理工大学	1	139	华东师范大学	2
114	河南农业大学	2	140	华东政法大学	1
115	河南中医学院	3	141	华南理工大学	7
116	河西学院	1	142	华南农业大学	2
117	黑龙江大学	5	143	华南师范大学	3
118	黑龙江东方学院	1	144	华侨大学	3
119	湖北大学	1	145	华中科技大学	9
120	湖北经济学院	8	146	华中农业大学	5
121	湖北民族学院	5	147	华中师范大学	2
122	湖北汽车工业学院	3	148	怀化学院	1

续表

序号	学校名称	频数	序号	学校名称	频数
149	淮北师范大学	1	175	南华大学	2
150	黄河水利职业技术学院	1	176	南京财经大学	4
151	吉林财经大学	5	177	南京大学	1
152	吉林大学	11	178	南京工程学院	1
153	吉林动画学院	2	179	南京航空航天大学	7
154	吉林工商学院	2	180	南京金陵科技学院	1
155	吉林农业科技学院	1	181	南京理工大学	5
156	集美大学	1	182	南京林业大学	1
157	济南大学	13	183	南京农业大学	1
158	嘉兴学院	1	184	南京森林警察学院	1
159	江南大学	2	185	南京师范大学	6
160	江西财经大学	5	186	南京信息工程大学	1
161	江西科技学院	1	187	南京邮电大学	3
162	江西理工大学	4	188	南开大学	6
163	江西师范大学	14	189	南阳理工大学	1
164	昆明医科大学	2	190	内蒙古科技大学	1
165	兰州大学	3	191	宁波大学	3
166	兰州交通大学	3	192	青岛大学	9
167	兰州理工大学	1	193	青岛科技大学	3
168	辽宁财贸学院	1	194	清华大学	10
169	辽宁大学	6	195	三峡大学	5
170	辽宁工程技术大学	2	196	厦门大学	5
171	聊城大学	1	197	厦门理工学院	2
172	陇东学院	3	198	山东财经大学	2
173	南昌大学	9	199	山东大学	15
174	南方医科大学	1	200	山东工商学院	1

续表

序号	学校名称	频数	序号	学校名称	频数
201	山东建筑大学	2	227	上海应用技术大学	1
202	山东交通学院	1	228	上海政法学院	2
203	山东警察学院	2	229	邵阳学院	2
204	山东科技大学	2	230	沈阳工程学院	4
205	山东理工大学	1	231	沈阳工学院	2
206	山东青年政治学院	1	232	沈阳工业大学	3
207	山东师范大学	1	233	沈阳航空航天大学	2
208	山西财经大学	6	234	沈阳农业大学	3
209	山西大学	4	235	沈阳师范大学	2
210	山西农业大学	1	236	沈阳药科大学	1
211	山西医科大学	3	237	石家庄经济学院	1
212	陕西科技大学	1	238	石家庄铁道大学	4
213	陕西理工学院	1	239	石油大学	1
214	陕西师范大学	5	240	石油化工学院	3
215	上海财经大学	6	241	首都经济贸易大学	554
216	上海大学	2	242	首都师范大学	73
217	上海第二工业大学	5	243	首都体育学院	6
218	上海电力学院	1	244	首都医科大学	20
219	上海工商外国语职业学院	1	245	四川大学	21
220	上海海关学院	1	246	四川理工学院	1
221	上海交通大学	9	247	四川农业大学	1
222	上海理工大学	3	248	四川师范大学	1
223	上海立信会计学院	1	249	四川外国语大学	1
224	上海师范大学	1	250	苏州大学	7
225	上海外国语大学	1	251	绥化学院	1
226	上海戏剧学院	1	252	天津财经大学	15

续表

序号	学校名称	频数	序号	学校名称	频数
253	天津城建大学	1	279	西安建筑科技大学	8
254	天津大学	3	280	西安交通大学	5
255	天津工业大学	2	281	西安科技大学	5
256	天津科技大学	9	282	西安美术学院	1
257	天津理工大学	2	283	西安培华学院	2
258	天津商业大学	7	284	西安外国语大学	2
259	天津师范大学	5	285	西安文理学院	1
260	天津外国语大学	1	286	西安医学院	3
261	天津医科大学	4	287	西安邮电大学	4
262	天津职业技术学院	1	288	西北大学	13
263	天津中医药大学	9	289	西北工业大学	11
264	同济大学	2	290	西北农林科技大学	3
265	皖西学院	1	291	西北师范大学	1
266	渭南师范学院	1	292	西藏大学	1
267	温州大学城市学院	1	293	西藏民族大学	1
268	武汉大学	14	294	西华大学	1
269	武汉地质大学	1	295	西南财经大学	19
270	武汉纺织大学	2	296	西南大学	13
271	武汉科技大学	4	297	西南交通大学	8
272	武汉理工大学	3	298	西南科技大学	4
273	武汉工程大学	1	299	西南林业大学	1
274	武夷学院	1	300	西南民族大学	2
275	西安财经学院	2	301	西南石油大学	3
276	西安电子科技大学	9	302	西南政法大学	9
277	西安工程大学	1	303	湘潭大学	3
278	西安工业大学	1	304	新疆师范大学	1

续表

序号	学校名称	频数	序号	学校名称	频数
305	新乡医学院	1	331	电子科技学院	1
306	烟台大学	4	332	中国传媒大学	31
307	宜春学院	2	333	中国地质大学	6
308	榆林学院	5	334	中国海洋大学	7
309	云南财经大学	3	335	中国计量学院	1
310	云南大学	4	336	中国科技大学	1
311	云南民族大学	3	337	中国矿业大学	1
312	长安大学	3	338	中国劳动关系学院	8
313	长春大学	1	339	中国民航大学	3
314	长春工业大学人文信息学院	3	340	中国农业大学	33
315	长春理工大学	1	341	中国青年政治学院	5
316	长春中医药大学	5	342	中国人民大学	47
317	长江大学	2	343	中国人民公安大学	9
318	长沙理工大学	4	344	中国石油大学	12
319	浙江财经大学	2	345	中国医科大学	3
320	浙江传媒学院	1	346	中国政法大学	26
321	浙江大学	2	347	中华女子学院	6
322	浙江工商大学	3	348	中南财经政法大学	16
323	浙江工业大学	2	349	中南大学	4
324	浙江理工大学	1	350	中南民族大学	2
325	浙江师范大学	2	351	中山大学	15
326	浙江万里学院	2	352	中央财经大学	40
327	浙江中医药大学	3	353	中央传媒大学	2
328	郑州大学	13	354	中央民族大学	8
329	郑州科技学院	1	355	中央司法警官学院	8
330	中北大学	1	356	中央戏曲学院	1

续表

序号	学校名称	频数	序号	学校名称	频数
357	中医大学	1	362	重庆科技学院	1
358	中原工学院	2	363	重庆三峡学院	1
359	重庆大学	8	364	重庆师范大学涉外商贸学院	1
360	重庆工商大学	4	365	重庆医科大学	4
361	重庆交通大学	1	366	重庆邮电大学	3

附录二："中国高校本科课堂教学现状与教学效果"调查问卷

您好，首先感谢您对此次调查的支持与填答。

在中国经济转型、大学生就业体制改革、高等教育后大众化时期等多重背景下，中国大学本科学历教育信号在劳动力市场上开始弱化，使得我们每一位身处高等教育中的教师与学生均需要反思"100 分钟课堂教学的有效性问题"。本课题认同以下观点：受过高等教育的人应成为有教养的人，不仅拥有知识，还应具有学术技能和思考能力。如何能够实现本课题认同的高等教育培养目标，并使在校大学生的课堂学习更为有效，您的意见和建议对我们十分重要，此次调查采取不记名的形式，希望您把自己最真实的想法告诉我们，谢谢！

请将您填答后的问卷发至我们的联系邮箱 jiaoxuekt2015@126.com，若您还有特别需要，也请将要求发到该邮箱，我们会及时给您反馈。

首都经济贸易大学课题组

2015 年 4 月 22 日

一、基本情况

请按照您实际情况，在符合字母上打"√"或涂红色或将符合字母填写在横线上。以下题项如果未作特别说明，均为单选题。

1. 您本科的就读状态_____

A. 已毕业　　　　B. 在读

（1）若您本科已毕业，请说明您已毕业年限是_____

A. ［0，1）　B. ［1，3）　C. ［3，5）　D. ［5，8）　E. ［8，10）

F. ［10，20）　　G. 20 年及以上

（2）若是在读本科学生，请说明您目前所处的年级是_____

A. 大一　　　B. 大二　　　C. 大三　　　D. 大四　　　E. 大五

2. 您所读本科的级别是_____

A. 重点本科　　B. 普通一本　　C. 普通二本　　D. 普通三本　　E. 不知道

3. 您所读本科的高校名称是_____

4. 您的本科所学专业归属是_____

A. 管理学　　B. 经济学　　C. 法学　　　D. 教育学　　　E. 医学　　F. 哲学

G. 文学　　　H. 历史学　　I. 理学　　　J. 工学　　　　K. 农学　　L. 艺术学

M. 军事学

5. 您本科所选专业受_____的影响

A. 自己兴趣　　B. 家庭　　C. 亲朋好友　　D. 就业形势　　E. 教师

F. 高考分数　　G. 不知道

6. 您专业课程的教材，任课教师一般会向您推荐同类型的教材_____本

A. 0 本　　B. 1~3 本　　C. 4~6 本　　　D. 7~10 本　　E. 10 本以上

7. 您的专业课教师，每学期为了您的知识拓展，会推荐非教材类的课外
阅读书目_____本

A. 0 本　　B. 1~3 本　　C. 4~6 本　　　D. 7~10 本　　E. 10 本以上

8. 在校读书期间，您的业余时间主要用于_____（可多选）

A. 阅读电子小说　　　B. 打游戏　　C. 专业课程理解与复习

D. 非专业课程的自学与拓展　　　E. 锻炼身体，强身健体

F. 未来升学（备考）做准备　　G. 未来职业做准备（实习或创业练习）

H. 休闲娱乐或旅游　　I. 参加社团活动　　J. 其他_____

9. 您的性别_____

A. 男　　　　B. 女

10. 读本科期间所拿奖学金的最高级别是_____

A. 一等奖学金（或相当于此类级别的奖项）　　B. 二等奖学金

C. 三等奖学金　　　　　　　　　　　　　　　D. 没有

**二、针对下列 11 种行为，请按您在课堂中的实际表现回答，请在相应的
空格处标"1"，若还有其他本问卷未能列出的行为，请补充到"12 其
他"中。**

课堂参与模式	是	否	课堂参与模式	是	否
1 课堂提问			7 询问其他同学		
2 课堂质疑			8 做笔记		

续表

课堂参与模式	是	否	课堂参与模式	是	否
3 课后提问			9 听讲但沉默		
4 主动回答			10 倾听他人回答		
5 齐声回答			11 点头或摇头		
6 点头后回答			12 其他		

三、在课堂教学中，按照您最喜欢的类型或按您的实际情况，将所选选项涂"红"。

1 教师类型	A 学者型	B 幽默型	C 体贴型	D 明星型	E 耐心型
2 师生互动	A 社交型	B 过程型	C 说明型	D 解释型	E 认知型
3 学生类型	A 高效型	B 积极型	C 平庸型	D 散漫型	E 厌学型
4 教学管理方式	A 专制型	B 指导型	C 支持型	D 参与型	E 放任型
5 作业类型	A 论文型	B 讲授型	C 调研型	D 课后习题型	E 课堂练习型
6 生生互动	A 互不关心型	B 被动合作型	C 互助合作型	D 竞争合作型	E 竞争对抗型
7 课外每天学习时间	A $[0\sim1)$ 小时	B $[1\sim2)$ 小时	C $[2\sim4)$ 小时	D $[4\sim6)$ 小时	E 6 小时以上
8 学习态度	A 盲目学习型	B 达标学习型	C 积极学习型	D 消极学习型	E 逆反学习型
9 学习动机	A 个人发展动机	B 学习情境动机	C 被动性动机	D 兴趣动机	E 求知性动机
10 学习焦虑	A 非常焦虑	B 比较焦虑	C 一般	D 不大焦虑	E 没有焦虑
11 学业平均成绩	A $[90\sim100]$ 分	B $[80\sim90)$ 分	C $[70\sim80)$ 分	D $[60\sim70)$ 分	E 60 分以下

四、请选出您认为最影响大学课堂教学效果的三项因素，并进行排序
_____ > _____ > _____。

A. 教师类型　　B. 师生互动　　C. 学生类型　　D. 教学管理方式

E. 课外学习时间　F. 生生互动　　G. 学习态度　　H. 学习动机

I. 学习焦虑　　　　J. 其他

五、大学课堂教学现状调查

请您按照您在大学课堂上的实际感受，在相应空格中标"1"。

测评题目	总是	经常	有时	几乎没有	从来没有
1 清晰阐述教学目标，并向学生提出课程期望					
2 教学内容、难度适合学生当前的能力水平					
3 教学准备充分，内容丰富					
4 适当回顾和重复先前知识，建立新旧知识之间的联系					
5 根据教学内容，选择适当教学方法，如灵活运用讲授法、案例法、小组讨论法					
6 语言表达清晰明了，逻辑性强					
7 讲课过程中，关注学生的表情与反馈，及时调整教学					
8 讲课过程中，安排时间让学生思考或回答问题					
9 注重提出引发学生课堂讨论的问题，激发学习积极性					
10 课堂教学中，教学内容紧扣主讲教材					
11 课堂教学中，重视宣讲时的感染力					
12 课堂教学中，重视所授知识的实用性					
13 课堂教学中，重视课程内容的前沿性					
14 课堂教学中，重视黑板板书					
15 课堂教学中，教学发音标准，语速适中					
16 课堂教学中，PPT 展示课件简洁明了、生动形象，能有效发挥辅助教学效果					
17 课堂教学中，重视课程内容的广度，提供非教材类的课外阅读书目以拓展知识体系					
18 课堂教学中，重视课程内容的深度，如提供专业期刊论文，或论文精华内容赏析					
19 课堂氛围融洽，师生友好平等，交流真诚					
20 提供学习方法的指导与训练，培养学生的学习能力					

续表

测评题目	总是	经常	有时	几乎没有	从来没有
21 提供研究方法的指导与训练，培养学生的科研能力					
22 提供课外时间的学习指导与训练					
23 以端正积极态度对待每一堂课，教学认真负责					
24 课堂教学中，教学内容不按既定教材讲授，教师有自我讲授逻辑					
25 对于上述问题，你认为教师的哪些教学行为对你的学习与成长最有帮助（请按题号写出前5项）					

六、学生参与程度及其评价方法

在课堂教学中，按照您对高校教师的课堂行为的需求度，请在相应的空格中标"1"。

测试题目	非常需要	比较需要	偶尔	不太需要	很不需要
1 教师鼓励学生反思自己的感受、态度和行为					
2 教师允许学生积极参与决定学习内容和学习方式					
3 教师帮助学生组织学习活动的内容和顺序					
4 教师能从学生那里获得改进教学的建议					
5 教师会使全班学生感受到，学生的能力和经验是值得尊重和重视的					
6 教师帮助学生选择和发展他们的学习方向					
7 教师允许学生评估自己的学业成绩					
8 教师帮助学生明确学生自己期望达到的以及教师帮助其实现的行为变化					
9 教师鼓励学生创造自己的学习活动和学习材料					
10 教师为学生提供发展师生和谐关系的机会					
11 教师首先关注的是学生的需要					

续表

测试题目	非常需要	比较需要	偶尔	不太需要	很不需要
12 教师帮助每位学生意识到决心有助于实现个人的目标					
13 教师用小组活动而不是讲演的形式进行教学					
14 教师和学生一起设计学习单元					

到此问卷全部结束，请您认真检查是否有遗漏现象。对您的积极配合，再次表示诚挚地感谢！

附录三：参与"人事测评技术"类课程
调查的高校名录

序号	高校名称	频数	序号	高校名称	频数
1	首都经济贸易大学	465	23	西南财经大学	11
2	中国人民大学	81	24	北京邮电大学	10
3	北京物资学院	73	25	东北财经大学	10
4	北京工商大学	40	26	东北大学	10
5	中央财经大学	38	27	中南财经政法大学	10
6	对外经济贸易大学	34	28	厦门大学	9
7	北京大学	28	29	浙江大学	9
8	四川大学	25	30	广东财经大学	8
9	北京林业大学	23	31	南京财经大学	8
10	郑州大学	18	32	山西财经大学	8
11	南开大学	16	33	上海财经大学	8
12	北京联合大学	15	34	安徽大学	7
13	华北电力大学	15	35	北京城市学院	7
14	山东大学	15	36	北京化工大学	7
15	武汉大学	15	37	北京理工大学	7
16	南京大学	14	38	东南大学	7
17	北京工业大学	13	39	山西大学	7
18	吉林大学	12	40	苏州大学	7
19	南京师范大学	12	41	中国传媒大学	7
20	辽宁大学	11	42	北京师范大学	6
21	首都师范大学	11	43	江西财经大学	6
22	天津财经大学	11	44	温州大学	6

续表

序号	高校名称	频数	序号	高校名称	频数
45	中国农业大学	6	71	劳动关系学院	3
46	中华女子学院	6	72	南昌大学	3
47	北京农学院	5	73	山东财经大学	3
48	北京信息科技大学	5	74	深圳大学	3
49	兰州大学	5	75	沈阳工学院	3
50	南京理工大学	5	76	西安建筑科技大学	3
51	中国劳动关系学院	5	77	西北工业大学	3
52	中山大学	5	78	西南财经政法大学	3
53	北京师范大学珠海分校	4	79	西南大学	3
54	华中农业大学	4	80	中南财经大学	3
55	华中师范大学	4	81	中南大学	3
56	天津商业大学	4	82	北京建筑大学	2
57	长春中医药大学	4	83	东北石油大学	2
58	长江师范学院	4	84	东北电力大学	2
59	浙江工商大学	4	85	广州大学	2
60	中国煤炭经济学院	4	86	河南财经大学	2
61	中国青年政治学院	4	87	湖南商学院	2
62	中国石油大学（北京）	4	88	华中科技大学	2
63	重庆工商大学	4	89	济南大学	2
64	北方工业大学	3	90	青岛大学	2
65	北京第二外国语学院	3	91	青岛农业大学	2
66	北京交通大学	3	92	陕西理工学院	2
67	北京外国语大学	3	93	陕西师范大学	2
68	福州外语外贸学院	3	94	上海第二工业大学	2
69	合肥工业大学	3	95	武汉理工大学	2
70	华侨大学	3	96	西安财经大学	2

续表

序号	高校名称	频数	序号	高校名称	频数
97	西安电子科技大学	2	123	湖南科技大学	1
98	西安科技大学	2	124	湖南女子学院	1
99	西北大学	2	125	华北水利水电大学	1
100	云南大学滇池学院	2	126	华东师范大学	1
101	云南民族大学	2	127	华东政法大学	1
102	中国林业大学	2	128	华南理工大学	1
103	重庆邮电大学	1	129	华南农业大学	1
104	重庆大学	2	130	华南师范大学	1
105	中国科学院大学	1	131	华盛顿圣路易斯大学	1
106	宝鸡文理学院	1	132	吉林大学珠海学院	1
107	北华大学	1	133	江西师范大学	1
108	北京国际关系学院	1	134	昆明医科大学海源学院	1
109	北京航空航天大学	1	135	兰州交通大学	1
110	北京科技大学	1	136	兰州理工大学	1
111	北京协和医学院	1	137	林业大学	1
112	北京中医药大学	1	138	清华大学	1
113	大连民族大学	1	139	山东建筑大学	1
114	电子科技大学	1	140	陕西科技大学	1
115	福建医科大学	1	141	陕西理工大学	1
116	广东技术师范学院	1	142	上海交通大学	1
117	国防科技大学	1	143	上海理工大学	1
118	哈尔滨工业大学	1	144	上海外国语大学	1
119	海洋大学	1	145	上海应用技术学院	1
120	河北经贸大学	1	146	沈阳工业大学	1
121	河南大学	1	147	首都医科大学	1
122	湖北大学	1	148	武汉科技大学	1

续表

序号	高校名称	频数	序号	高校名称	频数
149	西安工程大学	1	159	新疆财经大学	1
150	西安交通大学	1	160	英国诺丁汉大学	1
151	西安科技建筑大学	1	161	榆林学院	1
152	西安外国语大学	1	162	云南财经大学	1
153	西安文理学院	1	163	云南大学	1
154	西安邮电大学	1	164	长江大学	1
155	西北农林科技大学	1	165	长沙理工大学	1
156	西南林业大学	1	166	浙江财经大学	1
157	香港中文大学	1	167	北京电子科技学院	1
158	湘潭大学	1			

附录四："人事测评技术"类课程学习行为与教科书使用水平调查

亲爱的同学：

您好，为了了解学生的人事测评课程的参与度和对这门课程的学习兴趣，希望向您做一项调查，以帮助改善该课程的教学方法，调动大家参与课堂的积极性，您的意见和建议对我们十分重要，此次调查采取不记名的形式，希望您把自己最真实的想法告诉我们，谢谢！

注：以下有的学校可能称为"人力资源测评"、"人员测评"、"人才测评"、"素质测评"、"人事测评"，首都经济贸易大学称"人事测评技术"，在本次调查中均以此代替。

请将您填答后的问卷发至我们的联系邮箱 jiaoxuekt2015@126.com，若您还有特别需要，也请将要求发到该邮箱，我们会及时给您反馈。

首都经济贸易大学课题组
2015 年 4 月 22 日

一、"人事测评技术"课程的学习态度测量

在下面的一些陈述中，请您根据实际情况，按符合程度作答，并在相应的空格中标"1"。

学习态度描述题目	完全符合	很符合	有些符合	很不符合	完全不符合
1 我认为人事测评是一门十分有趣的学科					
2 我希望增强我的专业能力，学习更多的人事测评知识					
3 我认为人事测评技术是十分有价值和必要的学科					
4 我享受在学校学习人事测评技术					
5 除非必须，否则我可不想学更多的人事测评技术知识					

续表

学习态度描述题目	完全符合	很符合	有些符合	很不符合	完全不符合
6 我认为其他课程对人类的重要性比人事测评课程更大					
7 学习人事测评技术时，我感觉自然，跟上其他的课没什么区别，这是我一贯的学习行为					
8 我不太愿意上"人事测评技术"课或与此相关的课程					
9 我有兴趣去学习更多的人事测评知识					
10 人事测评技术能让我更明白人的心理活动					
11 学习人事测评时，我感到枯燥					
12 学习人事测评能开拓我的思维					
13 我认为学习人事测评技术对于公司选拔人才来说特别重要					
14 如果要我去深入学习人事测评，我会感到兴趣不大					
15 我认为人事测评是没用的					
16 在求学期间，我会努力来学习更多的人事测评知识					
17 我认同人事测评在公司选拔优秀人才上做出了重大贡献					
18 人事测评是我认为最烦琐的学科之一					
19 我喜欢去探索人事测评的新的方法					
20 我经常不喜欢去思考人事测评的相关问题					
21 人事测评是人力资源管理专业中最重要的课程之一					

二、"人事测评技术"课堂参与度测量

1. 课堂行为表现度测量

请您根据您在课堂表现的行为做出真实的自我评价，3 级、2 级、1 级表

示该行为由高到低的展现程度，参照相关级别的定义，请将您的行为级别数字填写在相应的空格中。

课堂 行为表现	3级	2级	1级	个人自 我评价
认真	上课认真听讲，作业认真，参与讨论态度认真	上课能认真听讲，作业依时完成，有参与讨论	上课无心听讲，经常欠交作业，极少参与讨论	
积极	积极举手发言，参与讨论，大量阅读课外读物	能举手发言，有参与讨论，有阅读课外读物	很少举手，极少参与讨论，没有阅读课外读物	
自信	大胆提出有别于他人的问题，勇于表达自己的想法	提出自己的不同看法，并做出尝试	不敢提出和别人不同的问题，不敢尝试和表达自己的想法	
合作性	善于与人合作，虚心听取别人的意见	能与人合作，能接受别人的意见	缺乏与人合作的精神，难以听进别人的意见	
思路逻辑	能有条理表达自己的意见，解决问题的过程清楚，做事有计划	能表达自己的意见，有解决问题的能力，但条理性差些	不能准确表达自己的意思，不能独立解决问题，做事缺乏计划性	
思维创造	具有创造性思维，能用不同的方法解决问题，独立思考	能用老师提供的方法解决问题，有一定的思考能力和创造性	思考能力差，缺乏创造性，不能独立解决问题	

2. 课程内容理解度测量

下表所列项目是学生对课程内容理解的各种层次，请参照您的实际课程理解水平，在相应的符合度空格中标"1"。

调查量表	非常 符合	比较 符合	差不多	比较 不符合	非常 不符合
（1）觉得机械地记住它比理解它更重要					
（2）学习这门课时，会想想学到的理论在现实生活中有多大用处					
（3）阅读新的文献资料时，会联想起学过相关理念，并对学过的理念有进一步的了解					

续表

调查量表	非常符合	比较符合	差不多	比较不符合	非常不符合
（4）课外时间会对有趣的知识进行深入理解					
（5）学习这门课的最好办法是听从任课教师的安排					
（6）老师教什么，我就学什么					
（7）老师怎么教，我就怎么学					

3. 您在"人事测评技术"课堂中的情感体验是_____

A. 乐趣感　　　B. 成功感　　　C. 焦虑感　　　D. 厌倦感　　　E. 没感觉

三、"人事测评技术"课程认知度测量

对于"人事测评技术"课程的各种描述，请按照您赞成与反对的程度，在相应的空格中标"1"。

人事测评描述题目	非常赞成	比较赞成	一般	比较反对	反对
1 人事测评技术核心就是问卷设计技术与问卷质量的检验技术					
2 学会人事测评理论与方法就能针对测评素质设计适宜的测评题					
3 人事测评方法就是招聘中选才时使用的那些方法，如笔试、结构化面试、心理测验、无领导小组讨论等					
4 人事测评技术是一种通用的调查方法					
5 人事测评的内容是岗位的胜任特征					
6 人事测评技术是心理测量学与人力资源管理的交叉课程					
7 人事测评更重视采取综合、动态、自然的方式进行考核和选拔，测评过程更加科学，具有更高的信度、效度及预测性					

续表

人事测评描述题目	非常赞成	比较赞成	一般	比较反对	反对
8 人事测评量表就是由心理测验题目组成					
9 人事测评是心理测量技术在人事管理领域的应用					
10 人事测评是测量一个人基本素质的学科，心理测试能比较科学地了解一个人的基本素质					
11 人事测评得分高的人素质特别高					
12 若要做人事测评，被测试的心理活动必须正常					
13 人事测评的具体内容、措施和标准等要因需而变，具有动态性					
14 人事测评只能为人事决策提供一些参考信息，而不能取代用人决策					
15 人事测评能够实现人力资源的优化配置					
16 我想我未来的工作会用到人事测评					
17 如果以后不从事人事工作，我觉得学习人事测评对我没有用					
18 人事测评在实际生活中用处不大，不用这些测评技术，企业照样能很好地发展					

四、教材的使用情况

1. 您认真阅读过_____本与"人事测评技术"课程相关教材。

A. 0 本　　B. 1~2 本　　C. 3~5 本　　D. 6~9 本　　　E. 10 本及以上

2. 在实践中您是否利用过"人事测评技术"相关理论_____。

A. 是　　　B. 否

选"是"的请继续下题，您在实践中主要应用人事测评的范围_____（可多选）。

A. 设计调查问卷　　　B. 计算测评指标权重

C. 应付公务员考试（如无领导小组讨论）

D. 面试中甄选指标的筛选　　E. 经典心理测验量表的使用

F. 其他_____

3. 您所在学校名称是_____

A. 首都经济贸易大学　　　B. 其他_____（请填写名称）

4. 您认为课程指定教材的功能是_____（可多选）

A. 教材经过慎重编选，知识体系合理，内容科学，为学生提供了最高权威的信息源

B. 教材作为课程物化的构成部分，体现着课程设计的目标和内容

C. 教师是主导，学生是主体，教材则是教师传授给学生知识的中介

D. 教材是联系课程设计和课程实施的重要环节

E. 教材是教师的辅助工具，指导着教学

F. 教材是学生课下巩固知识的工具

G. 对教师而言，教材只是作为一种教学工具，用来帮助师生交换意见和展开讨论。

H. 对学生而言，教材也仅仅作为一种辅助学习的工具，不是什么至高无上的考试宝典。

5. 通过您的实际听课感觉，您认为您的专业授课教师对于教科书的作用，更倾向于_____。

A. 不用教科书，因为教师比任何教科书的编者对所教授大学生的需要和特点都了解

B. 依赖教科书，就像药品处方一样，一页一页地翻看与遵守

C. 参考教科书进行教学，但又不全依赖它，补充大量的实例或相关资料

D. 不用教科书，但他/她随心所欲讲自己感兴趣的内容，而对该课程应有的基本理念与体系却没有讲解清楚

6. 教师使用教科书水平

下表全面描述了教师使用教科书的主要过程，表中统一对 - 2，- 1，0，1，2 这 5 个分值进行了界定，并标明了不同值代表的评分标准，请结合自己上课的亲身感受，给您的授课教师在使用"教材"时的应用水平打分，并将对应数值写入打分表中。

题　目	相应的等级 （自低到高分别赋值 -2，-1，0，1，2）					
	-2	-1	0	1	2	分数
1 关于教科书所涉及的课程内容、目标要求的熟悉程度	非　常 不熟悉		整体 把握		能将教材特色和自我教学风格融为一体	
2 对教科书的内容、结构、编排特色等的熟悉程度	非　常 不熟悉		整体 把握		能将教材特色和自我教学风格融为一体	
3 对教科书资源进行教学设计，备课（写教案）时，对于教科书编写意图的理解性	错误 理解		基本 正确		有自己认识并且合理	
4 对教科书整合的课堂表现，包括对教科书中的具体内容进行增加、替换、重组等具体处理的情况，以及课程教学目标的达成实效	误用		常规 使用		创造使用	
5 对教科书潜在功能的发挥程度	误用		常规 使用		创造使用	
6 对教科书的配套课程资源利用的适切程度	误用		常规 使用		创造使用	
7 结合教科书的使用效果，对教科书进行评判和修正、完善的实际效果以及评判意识	无意识		有反思		建议合理	

五、对于高校教师使用教科书的论断，以下表判断您的认可度，请在相应的空格中标"1"。

论　断	非常认可	比较认可	一般	比较反对	反对
1 教科书需被忠实地执行，教师需要维护教科书的权威性					

续表

论　断	非常认可	比较认可	一般	比较反对	反对
2 教科书的设计需要符合大学生的学习需求，教师需要创造性地使用教科书					
3 反思教科书中的内容设计、目标要求、领域划分、案例选择等设置的合理性，教师应善于积累丰富的实践素材，为教材进一步修订提供实践依据和参考					

　　到此问卷全部结束，请您认真检查是否有遗漏现象。对您的积极配合，再次表示诚挚的谢意！

附录五："经典进课堂"读书笔记情况调查问卷

亲爱的同学们：

感谢大家在这学期里参与了阅读经典的项目，并完成了高质量的读书笔记，为了更好地让这一项目服务于学弟学妹们，还请各位拨冗 5 分钟，完成这一小小的调查问卷，请各位用电子邮件直接回复到 bianwx@126.com，邮件以及附件的题目用各位的姓名即可。

再次感谢！祝一切安好！

2013 年 10 月 31 日

1. 本次阅读情况调查：

在老师本次推荐的 7 本书中，请对您的阅读意愿排序，在相应空格内打"√"，如您最想阅读《坐稳》，则在该行的"1"下打"√"。

	1	2	3	4	5	6	7
《总裁王朝的覆灭》							
《坐稳》							
《85% 的人应该涨工资》							
《大公司用薪酬激励，小公司用奖金鼓励》							
《金钱不能买什么》							
《你的工资和奖金从哪里来》							
《是什么决定你的工资》							

2. 您本次实际阅读的书目是？（在相应空格内打"√"）

《总裁王朝的覆灭》	
《坐稳》	
《85% 的人应该涨工资》	
《大公司用薪酬激励，小公司用奖金鼓励》	

续表

《金钱不能买什么》	
《你的工资和奖金从哪里来》	
《是什么决定你的工资》	

3. 除了这 7 本书外，您是否还有其他推荐书目可以帮助"薪酬管理"这门课程的学习？

□是_____　　□否

4. 在听完同学的读书分享后，您有新的想阅读的书目吗？

□是_____　　□否

5. 您认为读书笔记的形式可以有哪些？（可多选）

□论文　□摘要　□读后感　□非文本形式，如 PPT

□其他_____

6. 您认为读书笔记的分数应占最后期末总评的多少才合理？

□20% 及以下　□30% ~ 35%　□35 ~ 40%　□40% ~ 45%

□45% ~ 50%　□55% ~ 60%　□60% 及以上

7. 您认为阅读经典的意义有哪些呢？（可多选）

□有助于本门课程的学习，提高专业知识

□有助于与同学老师交流心得体会、开拓思维

□有助于了解先进/经典理论，对日后有帮助

□对本门课程学习帮助不大，但有助于拓宽知识面

□没什么帮助，只是普通的阅读而已

□其他_____

8. 您认为规定交读书笔记的时间多久合适？

看完书需_____天，完成读书笔记需_____天，提交后修改需_____天

9. 请写出您对于读书笔记的其他建议，不胜感激！